현대 중국의 정치개혁과 경제발전

이해, 전망, 그리고 과제

국립중앙도서관 출판시도서목록(CIP)

현대 중국의 정치개혁과 경제발전: 이해, 전망, 그리고 과제 /
김진영·차창훈 공편. -- 서울 : 오름, 2009
p. ; cm. -- (부산대학교 중국연구소 연구총서 ; 5)

색인수록
ISBN   978-89-7778-327-0 93340 : ₩12000

중국 정치[中國政治]
중국 경제[中國經濟]

340.912-KDC4
320.951-DDC21   CIP2009004156

부산대학교 중국연구소 연구총서 5

현대 중국의 정치개혁과 경제발전

이해, 전망, 그리고 과제

김진영 · 차창훈 공편

서 문

　이 책은 2008년 5월 부산대학교 중국연구소와 중국 인민대학교 국제
관계학원의 학술교류협정 체결을 기념한 학술회의에서 발표된 것들을
중심으로 엮은 것이다. 중국의 등장은 국제정치와 경제의 지도를 바꾸어
놓고 있으며 각국은 이에 대한 대책 마련에 부심한 지 오래이다. 지리
적·문화적으로 중국과 가장 가까이 있으면서 중국을 잘 이해하고 소통
하며 중국발전의 조류와 함께 발전해나가는 것이 한반도의 숙제가 아닌
가 한다. 그런 의미에서 현재 우리나라에서 중국에 대한 연구는 아무리
많아도 지나침이 없을 것이다.

　이 책은 정치, 외교, 경제발전, 에너지, FTA 등 중국 정치와 경제의 현
안 제반 문제들에 대해 우선적으로 중국학자들의 목소리를 들어보는 것
에 의의를 두었다. 즉, 중국적 입장과 시각의 내용을 파악하여 볼 수 있다
는 점과 함께 우리의 그것과 비교해 볼 수 있다는 점에서 이 책의 의의가
적지않다 하겠다. 이와 함께 한국학자들의 관점에서 본 중국의 대외관계
에 관한 두 편의 글을 보강하였다.

　이 책의 내용과 관련하여 볼 때, 새로운 대국으로 부상하는 중국의 소
프트 파워에 대한 논의가 진행되는 시점에서 스인홍(時殷弘) 교수의 글은
시의적절한 지적이다. 중국의 외교 문제, 에너지 문제, 정치개혁 문제,
FTA 문제 등도 현 중국정부가 당면하고 있는 핵심적 과제들이며 이에

대한 이해는 향후 중국의 향방을 이해하는 데 필수적인 것들이다. 이 문제들에 관한 중국 측의 견해를 중국학자들의 목소리를 통해 직접 들어봄으로써 현재의 중국정책을 이해하고 앞으로의 방향을 전망하는 데 조금이라도 도움이 되기를 바란다.

각 논문의 분량이나 논의의 형식 등이 통일성의 측면에서 다소 제각각이지만 저자들의 특색을 살리는 방편이라 생각하여 그냥 두기로 했다. 필요한 정보를 전달하고 논의를 전개하는 방식의 차이를 굳이 통일할 필요는 없었고, 중국학자들의 글을 그대로 접하는 것도 의미있는 것이라 생각한다.

학술회의 직후 책이 좀 더 일찍 나오지 못한 것이 아쉽지만 대학교수들의 통상적인 일정과 바쁜 업무에 쫓겨 가며 짬짬이 진행하다 보니 본의 아니게 그렇게 되었다. 1년이 지난 시점에서 새롭게 정보와 논의를 더해야 할 부분도 있겠지만 부족한 대로 다음을 기약하기로 한다.

중국어로 쓴 중국학자들의 논문을 매끄러운 한국말로 번역하는 것이 쉽지 않아 다소 거친 점도 있겠지만 최대한 정확하게 번역하려고 노력하였음을 양지하고 혜량하여 주기 바란다. 초벌 번역을 맡아 수고해 주신 중국 해양대의 노청석 교수님의 노고에 깊이 감사드린다. 그리고 학술회의를 기획하였으며 책이 출판되기까지 원고를 꼼꼼히 교정하고 감수해 주신 부산대학교 정치외교학과 차창훈 교수님의 수고에도 심심한 감사의 말씀을 전하고 싶다.

2009년 10월
김진영

| 차 례 |

Contents

제1장

중국의 정치개혁과 조화사회

리칭스(李庆四)*

I. 머리말

중국의 정치개혁도 경제개혁과 마찬가지로 많은 굴곡을 경험하고 탐구하는 과정을 거쳤다. 중국 정치체제 개혁의 전반적인 추세는 점진적인 진보의 과정으로 이해할 수 있다. 정치개혁이 경제개혁과는 달리 세간의 주목을 받지 못하였다면 그 원인은 겉으로 표출되지 않는 비물질적인 사상해방운동이었기 때문이고, 이로 인하여 외부세계의 경시를 받았기 때문이다. 국외의 많은 사람들은 중국에서는 오직 경제개혁만을 하고 정치체제 개혁은 하지 않는다는 인식이 있고, 심지어는 중국의 경제개혁의 성공은 정치개혁을 진행하지 않은 상태에서 거둔 성과라고 평가하고 있다.[1]

---

* 중국 인민대학 국제관계전공 부교수(中国人民大学国际关系学院副教授).

1) Montinola Gabriella, Yingyi Qian, and Barry Weingast, "Federalism, Chinese Style, the Political Basis for Economic Success," *World Politics 48,* 1(1996), pp.50-81.

이러한 견해는 모두 일방적인 견해에 불과하다. 그러나 다른 한편으로 이 견해는 중국의 정치개혁이 경제개혁에 비해 뒤떨어진 객관적인 현실을 반영하기도 한다.

II. 중국 정치체제 개혁의 과정

중국 정치체제 개혁의 발전상황과 그 방향은 매우 민감한 주제이다. 그러므로 현대 중국정치의 맥락에서 정치체제 개혁에 대하여 명확한 정의가 존재한다. 즉 중국 공산당의 영도 하에 당과 국가의 장기적인 안정을 확립하고, 국가의 발전상황에 부합하는 개혁의 목표와 절차를 적극적으로 결정하는 것이다.[2] 국가의 정치체제 상황과 관련하여 중국 개혁개방의 총 설계자인 덩샤오핑(鄧小平)의 견해는 매우 탁월하다. "문제는 세 가지인데, 첫째는 정국이 안정적인가, 둘째는 인민의 단결을 도모하고 인민의 생활을 개선할 수 있는가, 셋째는 생산력의 계속적인 발전을 도모할 수 있는가"이다.[3]

과거 중국 정치체제는 구소련의 고도로 집중적인 정치체제 및 중국 전제주의 전통의 영향을 받았다. 특히, 당과 정부 및 정부와 기업의 권한과 역할을 구별하지 않아서 비효율의 고질적인 습관을 낳게 되었다. 과거 정치체제의 폐단을 개혁하는 것은 불가피한 추세였다. 덩샤오핑이 지적한 바와 같이 "정치체제 개혁을 하는 목적은 관료주의를 없애고, 사회주의 민주주의를 발전시키며, 인민과 기층단위의 적극성을 동원하는 것이다."[4]

---

2) 黄卫平、陈文, "中国政治体制改革现状及其成因浅析," ≪社会科学研究≫, 2008年 第2 期, 第2页。
3) 邓小平, ≪邓小平文选≫ 第三卷, 北京, 人民出版社, 1993年, 第213页。

중국의 정치체제 개혁은 단계적으로 발전하였는데, 제11기 3중전회 이래 정치체제 개혁의 과정을 돌이켜 보면 아래 4개 단계로 구분할 수 있다.

1. 첫 번째 단계

이 단계는 연구와 준비 단계로 제11기 3중전회에서 제13기 전국인민대표대회까지의 시기이다. 이 단계에서는 정치체제 개혁의 이론과 관련하여 중대한 발전을 하였다.

첫째는, 1980년 8월에 덩샤오핑이 중국공산당 중앙정치국 확대회의에서 <당과 국가영도체제에 관한 개혁>이란 제목의 발언으로 개혁에 필요한 이론적 기초를 제공하였다.

둘째는, 1982년 9월 당의 제12차 대회에서 지속적으로 국가 정치체제 개혁과 영도체제 완비를 진행하여야 한다고 지적한 것이다. 덩샤오핑은 정치제도와 정치체제를 구분하여 제기하고 정치체제에 대한 개혁을 주장하였는데, 정치개혁의 이론적인 장애물과 사상적인 혼란을 제거하는 데 기여하였다.

셋째는, 1986년부터 1987년 제13차 대회 개최 전까지의 몇 차례의 담화 내용으로 정치개혁의 필요성, 목표, 주요내용, 기본원칙 등에 대하여 분석하였다. 이 기간 동안 몇 가지 중대한 개혁을 진행하였는데, 예를 들면 1981년의 전국 현급행정구역에서의 직접선거, 1982년 중국공산당 중앙위원회(중공중앙)의 <노간부퇴직제도건립을 위한 결정> 등은 영도의 종신제를 폐지하는 데 기여하였다. 또한 국가정부기관을 대규모로 줄이고 고문위원회를 설립하였고, 새로운 <헌법>을 제정 및 공포하였다. 1983년부

---

4) 邓小平, ≪邓小平文选≫ 第二卷, 北京, 人民出版社, 1993年, 第243页。

터 1984년까지 농촌의 기층정권에 대해 개혁을 진행하여, 정사(政社)분리
와 인민공사제도 폐지를 단행하였다. 이 시기에 정치체제 개혁에 대한
일련의 새로운 이념을 창출하였고, 정치개혁과 관련하여 사람들에게 새
로운 생각을 고취시키는 상상의 공간을 제공하였다.

2. 두 번째 단계

이 단계는 전면적인 실행의 기간으로 1987년 중국공산당 제13차 대회
에서 1989년 6월까지이다. 이미 1986년의 중앙정치국 확대회의에서 덩샤
오핑은 다음과 같이 주장하였다. "정치체제 개혁은 경제체제 개혁과 서
로 의존하고 융합되어야 한다. 경제체제 개혁만 하고 정치체제 개혁을
하지 않으면 경제체제 개혁은 지속될 수 없을 것이다. 왜냐하면 우선적
인 장애물은 사람일 것이다", "모든 개혁이 성공하느냐의 문제는 정치체
제 개혁에 있다"[5] 경제와 정치가 서로 의존하고 영향을 준다는 관점은
사회발전의 객관적인 법칙과 부합되는 것으로 중국 내 많은 사람들의 인
정과 지지를 받았고 정치체제 개혁 발전의 기초가 되었다. 제13차 대회의
소집은 중국에서 정치체제 개혁의 전면적인 전개를 의미한다. 13차 보고
에서는 과거 정치체제의 일부 중대한 결함을 분석하고 정치체제 개혁의
목표와 전망의 근본적인 방향에 대해 명확히 지적하였다. 한편으로 1986
년은 중국의 정치체제 개혁의 발전과정에서 중요한 한 해이다. 그해 당
중앙은 정치체제 개혁 연구토론팀을 구성하였고, 그 사무기구로 중앙정
치체제개혁판공실을 설립하였는데, 중국의 정치체제 개혁이 정식으로
당과 국가의 공식적인 목표가 된 것을 의미하였다. 이 시기에 중국은 인

---

5) 邓小, 《邓小平文选》 第三卷, 北京, 人民出版社, 1993年, 第164页。

민대표대회의 입법권과 감독권을 강화하고 선거제도를 개선하며 사회협상과 대화제도를 건립하는 등 다방면에서 성과를 거두었다.

3. 세 번째 단계

이 단계는 결산과 조정의 시기로 1989년 6월에서 제14차 대회까지이다. 제13차 대회에서 시작한 정치체제 개혁의 양호한 국면과, 소련과 동유럽의 붕괴와 천안문사건 등은 당시 진행 중이던 일부 개혁에 영향을 주었다. 이러한 상황 속에서 중국공산당은 제13차 대회 정치체제 개혁의 방향을 견지하여야 한다고 강조하면서, 다른 한편으로 지난 10여 년간 지속된 개혁에 대하여 총결하고 조절하여야 한다는 보고서를 제출하였다. 그후 정치체제 개혁의 현저한 변화가 발생하였는데, 정치체제 개혁의 절차와 속도를 조절하는 것이었다. 목표와 내용의 측면에서는 당정분리의 강조, 권력의 과도한 집중 해결, 공산당 영도의 다당합작제와 정치협상제도의 완비, 민주적인 정책결정제도의 건설, 기층 민주건설의 강화 등이 제시되었다.

4. 네 번째 단계

이 단계는 침착하고 절도있는 발전의 단계로 제14차 대회에서부터 현재까지의 시기이다. 제14차 대회는 덩샤오핑의 남순강화 정신에 따라 사회주의 시장경제 건설을 확립하고, 시장경제발전의 요구에 부합하기 위하여 정부와 기업의 분리, 기구의 감축, 법제건설의 강화, 기층 민주주의의 추진 등이 보고되었다. 덩샤오핑은 "사회주의가 발전할수록 민주주의도 상응하여 발전해야 한다"는 논단을 제출하였다.[6] 제15차 대회에서는 법에 의한 통치와 사회주의 법치국가의 목표와 임무 건설이 명확히 제기되었다. 제16차 대회에서는 진일보된 개념인 사회주의 정치문명 건설이 제기되었다. 가장 근본적인 것으로 당의 영도 견지, 인민주권과 법에 의한 통치 정신에 따른 당의 영도방식과 집정방식 개혁, 권력에 대한 제약과 감독 강화, 합리적인 절차와 엄밀한 제약으로 효율적인 권력 운용제도의 건립 등이 제기되었다. 제17차 대회에서는 인민민주는 사회주의의 생명이고 정치체제 개혁은 중국의 전면적인 개혁의 중요한 구성부분이므로, 반드시 경제사회의 발전에 따라 계속 심화 발전해야 한다고 강조되었다. 인민 정치참여의 적극성, 시민의식의 제고, 시민의사의 표현권 보장, 도시와 농촌에서 인구비율에 따른 인민대표 선거, 당대표대회 대표의 임기제 실시, 현(시, 구)에서 당대표대회 상임제 실시 등이 강조되었다.

덩샤오핑은 "민주가 없으면 사회주의도 없다"고 언명하였으며, 민주주의는 하루 아침에 형성될 수 있는 것이 아니고 반드시 일정한 경제, 사회 문화의 기초에 의거하여야 한다고 강조한 바가 있다. 중국 정치체제 개혁의 발전과정에서 볼 수 있듯이, 중국공산당의 집단지도체제는 중국의 현실상황에 근거하여 경제발전의 구체적인 실천 경험을 통하여 정치체제 개혁을 연구하고 추진하여 왔다. 이 기간 동안 비록 구소련, 동유럽 등 사회주의 국가의 변화가 있었고, 1989년의 천안문사건으로 서구국가의 보편적인 비난과 제재를 받았지만 정치체제 개혁의 전체적인 목표는 지속적으로 추구되어 왔다.

---

6) 邓小平, 《邓小平文选》 第二卷, 北京, 人民出版社, 1993年, 第208页.

III. 중국 정치체제 개혁의 중요한 성과

지난 30년의 개혁개방을 돌이켜 보면 중국의 정치체제 개혁은 여러 측면에서 상이한 발전을 가져왔다. 그 주요 성과는 다음과 같다.

1. 당 통치방식의 변화

당의 통치방식에 변화가 있었는데, 당과 정부의 역할을 분리하지 않는 현상을 개선하는 방향으로 당의 지도방식에 관한 제도를 규범화하였다. 제11기 3중전회 이후 중국 공산당은 민주집중제를 복원하여 집단지도체제를 굳건히 하면서 개인의 독단에 의한 정책결정 방식을 철저히 부정하였다. 각급 당조직에 기율검사위원회를 건립하고 당의 집체영도와 정책결정의 과학화, 관리체계의 민주화를 보장하는 데 노력하였다. 당과 정부 간의 중복되는 부서를 폐지하고 정부의 행정직권을 강화하였다. 당조직의 정부행정사무에 대한 간섭을 방지하기 위하여 중앙에서부터 지방까지 강력한 업무시스템을 구성하여 정부직권범위 내에 업무를 제대로 관리할 수 있게 하였다. 정부직권범위 내의 업무에 대해서는 당 중앙과 각급 지방당조직에서 지시 혹은 결정을 하지 않고, 국무원과 지방 각급 인민정부에서 토론하여 결정하고 문건을 공포하게 하여 정부로 하여금 진정한 행정권 행사를 하게 하였다. 현재 중국의 각급 정부는 행정관리의 중심으로 엄격한 행정관리제도를 건립하여 행정수장(首長)책임제를 실시하고 있다.

2. 인민대표대회제도의 보완

인민대표대회제도를 보완하였다. 현급 인민대표의 선거를 직접선거로 하고, 현과 현급 이상의 각급 지방인민대표대회에 상무위원회를 설립하였다. 전국인민대표대회 상무위원회의 직권과 조직을 확대 및 강화하고, 기본법을 제외한 일체 법률의 제정권을 부여하였다. 지방의 성, 시, 자치구와 비교적 큰 시의 인민대표대회 및 상무위원회에 지방과 관련된 법규의 제정권을 부여하고, 인민대표대회의 행정·재정·사법·검찰업무에 대한 감독을 강화하고, 인민대표와 선거인의 연락제도를 건립하였다. 일부 지방에서는 직선제 연구를 통해 인민대표와 현장대표를 직접 선출할 때 발생하는 문제점을 극복하고자 하였다.

이러한 개혁들을 통하여 인민대표대회의 권위는 확대되었고, 동시에 공산당이 지도하는 다당합작과 정치협상제도도 강화되었다. 중국공산당은 중요한 문제를 민주당파와 협상하는 것이 이미 제도화되고 규범화되었는데, 정치협상과 민주감독의 내용과 참정 의정에 관한 명확한 규정으로 민주당파의 참정 경로가 확대되었다.

3. 중앙에서 지방으로의 권력 이양

중앙은 지방으로 권력을 이양하였다. 경제분야에서 권력의 분산은 중앙정부가 기업을 직접 관리하던 방식에서 그 자율성을 확대하는 방식으로 이루어졌다. 기업을 직접 관리하는 방식은 시장에서 기업이 스스로 판단하는 방식으로 전환하였다. 일률적으로 부가하던 조세체계도 국세와 지방세로 분리하였다. 경제특구지역의 연해도시와 계획도시에 대한 특수정책을 실시하여 상이한 지역의 경제발전을 가속화하였다. 정치분야에서는 중앙정부의 권력을 지방으로 이양하는 방식으로 이루어졌다. 고도의 중앙집권적 입법체제를 개혁하여 중앙과 지방 입법체계로 나누고, <민족구역자치법>을 제정 및 공포하여 민족자치지방의 자치기관으로 하여금 지방의 실제상황에 근거하여 국가의 정책을 실시하게 하였다. 그리고 정치, 경제, 사회 및 문화 등과 관련된 업무에서 기타 지역에 비해 더욱 충분한 자치권을 보장하였다. 중앙은 지방에 권력을 분산하는 동시에 지방에 대한 거시적인 조정과 통제를 강화하였다. 중앙은 재정적 권한을 통해 효과적인 거시적인 조정과 통제를 유지하도록 하였다. 권력의 분산은 또한 도시와 농촌 간의 민주건설을 강화하고 농촌에서 촌민자치를 광범위하게 추진하여 도시의 작은 규모의 구역건설에도 큰 발전을 가져왔다. 지방 및 기층과 군중의 적극성을 불러일으키고 지방업무에 생기와 활력이 가득차게 되었다.

4. 기구개혁을 통한 정부기능의 전환

여러 차례의 기구개혁과 행정관리체제의 개혁을 진행하여 각급 정부기구의 간소화와 정부기능의 전환을 이룩할 수 있었다. 개혁개방 이래 30년 동안 중국은 4차례의 기구개혁을 진행하였는데, 그중 1998년 하반기의 기구개혁 성과가 제일 크다. 국무원에서는 11개 부서를 폐지하고 40개 부서를 29개로 감축하였다. 부서 내부기구도 1/4로 줄이고, 국가기관 530만 7천 명의 공무원에 대한 인원감축이 전체 인원편제의 절반을 차지하였다.

이 기구개혁은 반 년 내에 기본적으로 완성되었다. 정부기구 개혁 후인 1999년 7월, 중국 공산당중앙위원회에서는 당 중앙의 부문기구개혁을 진행하였는데, 이는 새로운 시기에 들어서서 처음으로 하는 개혁이었다.

이 개혁으로 커다란 틀은 변하지 않으면서 내부기구와 인원을 간소화, 조정하여 인원구조를 합리화하고 업무효율도 제고하였다.

5. 법치국가로의 변화 및 간부인사제도의 개혁

사회주의 법제건설에 중대한 발전을 가져오고, 법치국가건설의 전략적 목표를 확립하고, 사회주의 시장경제 법체계를 초보적으로 수립하여 중국의 정치, 경제와 사회생활의 기본적인 면에서 의거할 법률이 제정되었다. 처음으로 법에 의한 통치('의법치국') 개념을 제시하고, 명확하게 사회주의 법치국가를 건립한다는 목표와 임무를 제출하였다. 이는 정치체제 개혁과 민주법치건설 맥락에서 하나의 중대한 발전이라 할 수 있다. 동시에 간부인사제도의 개혁을 적극적으로 모색하고 추진하였다. 중국의 정치체제의 폐단에 대해 덩샤오핑은 "주요 폐단은 관료주의 현상, 권력의 과도한 집중현상, 가부장제 현상, 간부종신제 현상과 형형색색의 특권현상"이라고 지적한 바 있다.[7] 간부영도 직무종신제를 폐지하고 간부의 퇴직제도를 마련하여 간부의 교체를 실현하고 당과 국가의 생명력을 증대하고자 하였다. 또한 간부 제도를 통일적인 관리체제로 개혁하고, 간부의 직급을 분류하여 분급관리를 하고, <국가공무원잠행조례>를 실시하여 초보적으로 공무원제도를 건립하고 실시하였다. <당정영도간부선발임용업무조례>를 공포 및 실시하여 간부선발임용에서의 민주성을 확대하였고, 간부선발 임용감독업무의 과학화, 민주화 및 제도화를 추진하였다. 법제건설을 진행하는 동시에 여러 면에서 부패를 방지하기 위한 제도를 건설하고 모색하면서 점차적으로 권력제약을 위한 감독 등을 강

---

7) 邓小平, 《邓小平文选》 第二卷, 北京, 人民出版社, 1993年, 第327页。

화하였다.

전체적으로 보면 중국 정치개혁과 경제개혁은 서로 추진하고 영향을 주면서 일정한 조건하에서는 서로 제약을 하는 복잡한 과정이다. 덩샤오핑이 지적한 바와 같이 "경제개혁이 한 발자국 앞으로 나갈 때마다 정치개혁의 필요성을 느끼고 있다. 정치체제 개혁을 하지 않으면 경제체제 개혁의 성과를 보증할 수 없고 경제체제 개혁이 앞으로 더 전진할 수 없게 된다. 생산력의 발전을 저해하게 되고 4개 현대화의 실현을 저해하게 된다."[8] 사실 덩샤오핑은 서구식 민주주의제도를 반대하지는 않지만, 이것을 그대로 옮겨오면 중국의 실정에 맞지 않는다고 이해하였다. 왜냐하면 "중국과 같이 인구가 많고, 지역 간 불균형 상태를 갖고 있고, 다민족 국가를 구성하는 국가의 상층 정치권력을 위한 직선제도는 아직 시기상조이며, 문화적인 소양도 부족하다는 것이다."[9]

이로써 알 수 있듯이 중국의 정치체제 개혁은 반드시 자기의 실정에 따라 진행하여야 한다는 점이다. 중국의 정치체제 개혁은 신속한 경제발전이 제기한 객관적 요구이기도 하고, 일정한 정도에서는 중국 개혁개방의 실용주의 사상철학을 반영한 것이기도 하다. 그렇지만 경제발전, 정치개혁과 사회의 조화안정 3자 간에는 서로 협조하고 추진하는 관계를 맺고 있으므로, 어느 것이라도 경시한다면 좋지 않은 결과를 가져올 것이다.

---

8) 邓小平, ≪邓小平文选≫ 第二卷, 北京, 人民出版社, 1983年, 第176页。
9) 邓小平, ≪邓小平文选≫ 第二卷, 北京, 人民出版社, 1993年, 第242页。

IV. 중국 정치개혁의 한계와 원인

중국의 정치체제 개혁은 뚜렷한 성과를 거두었지만, 한편으로 많은 폐단이 존재하고 있다. 아직도 전통적인 권력의 과도한 집중 현상을 완전히 해결하지 못하고 있고, 사회주의 시장경제가 요구하는 현대민주정치에도 완전히 부합하지 못하고 있다. 따라서 30년 중국 정치개혁의 성과를 부인하는 견해도 옳지 않은 것이지만, 중국 정치제도의 건설은 이미 완결되었으므로 중대한 개혁을 할 필요가 없다는 견해 또한 잘못된 것이다. 정치체제의 문제는 중국경제의 발전에 영향을 줄 뿐만 아니라 제약을 가하기도 하고 동시에 중국 민주법제건설의 실질적인 추진에도 영향과 제약을 주기도 한다. 반드시 두 측면에서 관찰하고 분석하여 결함을 찾아내어 다음의 개혁을 위해 준비하여야 한다. 종합하면, 중국 정치체제 개혁의 한계는 다음과 같다.

1. 경제와 사회의 불균형 발전과 사회발전의 정체

경제와 사회의 불균형발전, 사회발전의 정체, 지방정부의 경제발전 주도 관성 등이 아직 해결되지 못하고 있다. 개혁개방 이래 중국 정부의 주된 과제는 '계급투쟁 중심'에서 '경제발전 중심'으로의 변화였다. 그렇지만 오랜 기간 동안 일부 지방 관료들은 중앙이 제기한 '경제건설 중심'의 발전목표를 이유로 'GDP 증가 중심'으로 잘못 인식하였고, 불합리한 자원배치를 조장하였다. 이는 중국경제의 신속한 발전의 원인이 되기도 하였지만, 교육, 과학기술, 문화, 의료위생, 환경보호 등 사회공공사업의 발전이 경제발전에 비해 정체되었고, 그중 중서부지역의 광범위한 농촌지역에서는 현재 국민들이 기본적인 욕구도 충족하지 못하고 있다. 필경 중국의 경제가 아직 고도 발달의 정도에 이르지 못하였고, 특히 1인당 국민소득은 여전히 세계에서 순위가 뒤떨어져 있는 상태이다.

중국의 지방정부는 경제건설과 투자의 주체적인 역할을 하여 왔고 아직도 '생산투자형 정부'의 특징이 남아 있다. 지방정부가 모든 일에 직접 관여함으로써 경제발전을 주도하는 국면을 벗어나지 못하고 있다. 지방정부는 두 가지 동기부여를 갖게 되는데, 첫째는 경제적인 것으로 GDP의 고속성장을 추구하는 것이다. 이런 압력은 본 지역의 경제발전의 요구이기도 하고, 상급정부의 명령 및 주변지역과의 경쟁에서 초래되고 있다. 둘째는 정치적인 것으로 지방정부 관료들의 승진과 관련한 것이다. 지방정부의 경제적인 성취 지표는 항상 현지 관료들의 승진여부의 중요한 요소가 된다. 이러한 동기부여 때문에 지방정부는 적극적으로 투자를 하게 되고(어떤 경우는 맹목적인 투자) 중앙으로부터 많은 투자항목을 쟁취하려 한다. 심지어 외부의 투자를 직접 유치하려고 하는데 반하여, 양호한 투자환경의 건설과 공공서비스의 공급에 대해서는 소홀하다. 현재의 관료 승진제도와 지방과 기업 간 이해관계 때문에 지방정부의 경제주도식 발전모델은 단기간 내에 청산되기에 역부족인 실정이다.

2. 부패현상의 발생과 만연

'권력은 부패를 낳는다', '절대권력은 절대부패를 낳는다', 이는 인간의 본성으로 근절하기 어려운 약점이다. 중국의 부패문제는 아직 근본적으로 해결되지 못하고 있고 매우 심각한 문제이다. 근래에 각급 정부에서 중앙의 반부패와 관련된 각종 정책을 실시하여 현저한 성과를 거두었다. 그러나 부패문제가 생기는 토양과 조건은 그대로 존재하고 있어, 반부패 투쟁과 관련된 많은 문제가 산적해 있다. 부패의 형식과 발생영역에도 변화가 발생하여 예를 들면, 인사청탁, 공금횡령, 정부기관의 부정, 공공 사무의 불공정성, 허가권을 둘러싼 비리 등 국민들에게 당과 정부의 이 미지에 부정적인 영향을 주고 있다. 부패현상의 발생과 만연은 부패문제 와 사회 내 빈부차이 문제가 지속적으로 늘어나기 때문이다. 주된 원인 으로는 정부부문의 공권력에 대한 유효한 감독과 제약을 하지 않았기 때 문이며, 그 근본적인 원인은 체제의 역할과정에서 행정과 권력이 시장기 제의 도입으로 불공평현상이 발생하였기 때문이다. 행정적인 자원(공공 제품의 공급)의 할당과정에 권력의 시장화로 사회 내 부의 점유와 분배의 불공평 현상이 발발하게 하였다.[10] 정부부문이 구체적인 경영활동에 참 여하지는 않지만, 경제활동에 대해 관여를 하지 않는다는 것은 아니다. 정치체제 개혁의 당면한 임무는 국가의 거시적인 조절과 통제능력을 제 고하여, 국가의 경제개입 방식을 정돈하여 국가간섭의 수단과 제도를 완 비하는 것이다.

3. 시험적 기층 개혁 경험의 보급에의 한계

기층 민주 정치체제 개혁의 시험적 경험이 중앙에서 점차적으로 규범 화하고 보급하는 단계에까지 아직 도달하지 못하였다. '공개추천 공개선 서', '직선', '공개추천 경선' 등 향과 진의 책임자 선거방식에 대한 개혁 과 일부 성에서 당원의 권리보장, 당대표대회제도와 당의 위원회제도의 완비를 주내용으로 하는 당대표상임제의 시험 등의 개혁은 일정한 정도 에서 간부인사제도를 새롭게 만들고 기층 민주와 당내 민주건설을 추진

---

10) 刘芳, "深化改革: 构建社会主义和谐社会的必由之路," ≪社会科学≫, 2006年 第12期, 第6页。

하는 데 중요한 경험을 제공하였다. 그러나 이러한 경험은 중앙의 정치체제 개혁의 일환으로 전체적으로 통일된 모델을 고안하고 추진하는 것이 아니라, 10여 년 동안 답습되고 중복될 뿐이다. 게다가 "인주정식(人走政息: 사람이 가면 정치가 휴식한다)" 현상이 보편화되고 있다. 일부 실험적인 개혁을 한 지방관료가 승진하여 자리를 옮기면 원래의 개혁은 방임, 정체 및 포기되기도 한다. 많은 실험적 개혁이 원래의 상태로 되돌아가는 추세가 발생하고 있다. 예를 들면, 유명한 사천성 보운향(步雲鄉)과 광동성 대붕진(大鵬鎮)의 향진장 선거방식 개혁도 원체제로 돌아간 전형적인 사례이다. 다른 한편으로 정치체제 개혁의 명확한 '시간표'와 '노선도'가 결핍되고, 실천과정에서 지방의 정치체제 개혁에 대한 유기적인 목표와 규범성이 부족하다. 따라서 중앙에서 정치체제 개혁의 발전목표를 명확히 하였다고 증명하기 어렵다. 단지 이를 위해 새로운 조건을 계속 창출하면서 구체적인 작은 목표를 실현해 나가기 위해 노력하고 있다.

4. 조화사회 건설 및 과학적 발전관의 적용 단계

조화사회와 과학적인 발전관이 아직 현실에 적응하지 못하고 있다. 특히 상위층과 하위층의 사회자원과 자기이익 실현 능력이 다르게 됨으로써, 상이한 소득이 사회계층의 격차를 점점 크게 하고 있다. 심각한 사회불평등 및 계층 간 충돌사건이 빈번히 발생하고, 사회공공제품 배분의 불균형이 발생함에 따라 주민의 의료, 양로, 취업 및 교육과 관련된 문제들이 제대로 해결되지 못하고 있다. 이는 경제사회발전에 심각한 재난이되고 조화사회 건설이라는 목표와 서로 배치된다. 이는 모두 정치개혁이제대로 진행되지 못한 결과인데 근본적인 해결은 궁극적으로 경제발전에 달려 있다. 조화사회의 수립 또한 경제발전의 문제이고, 발전은 반드시 과학적인 발전관에 입각하여야 한다. 일면적으로 경제효율을 추구하고, 사회효율을 무시하며, 맹목적으로 눈앞의 이익만 보고 장래의 이익은 보지 못하는 정치적인 업적 위주와 체면치레의 행정은 지양되어야 한다. 과학적인 발전관은 중국경제사회의 전면적인 조화와 지속가능한 발전을 추진하는 지도방침으로 사회불공평을 제거하고 사회공평을 유지함에 있어서 준수하여야 할 기본원칙이다.

결론적으로 목전의 중국사회에 존재하는 여러 문제들은 개혁을 실행한 결과라고 인정하기는 어렵고, 정치개혁의 조치가 제대로 작동하지 못하고 관련 정책제도의 실행이 철저하지 못한 결과이다. 동시에 정치체제 개혁의 성과는 반드시 경제발전을 기초로 하여야 하고, 정치경제개혁의 순조로운 순환에 도달할 수 있어야 한다. 후진타오 주석이 지적한 바와 같이 "중국의 경제사회에 직면한 여러 문제들을 해결하려면, 결국은 발전에 의거하여야 한다."[11] 사회주의 조화사회를 건설함에 있어서 부딪친 어려움은 개혁을 통해서만 해결이 가능하다. 정치개혁은 경제발전을 위한 것이고, 발달한 경제는 정치체제 개혁의 진일보한 발전과 완성을 위한 기초를 닦는 것이다.

---

11) 胡锦涛, "在中共中央举办的省部级主要领导干部提高构建社会主义和谐社会能力专题研讨班开幕式上的讲话," 2005年2月19日。

V. 전망 — 조화사회의 발전 목표

 중국의 정치개혁이 이런 저런 부족한 점이 있기는 하지만 30년 동안의 정치체제 개혁이 취득한 중대한 성과를 부인하는 것은 잘못된 것이고, 중국 정치체제가 이미 완성되어 중요한 개혁을 할 필요가 없다는 것도 잘못된 주장이다. 사회주의 조화사회를 건설하는 과정에서 중국 정부의 개혁은 경제와 사회 간의 불균형발전, 사회 이익주체의 다원화, 공공위기의 빈번한 발생, 부패의 횡행 등 여러 측면에서의 도전에 직면하고 있다. 중국 정치체제 개혁의 모순과 폐단을 없애고 전면적인 소강사회 목표를 건설하려면 반드시 정치체제 개혁을 가속화하여야 한다. 따라서 공공서비스형 정부를 건설하고, 정부, 시장, 사회의 다중심구조를 건립하며, 정부권력을 결속하고 법치형 정부를 건설하는 것 등이 중국의 향후 정치체제 개혁의 기본방향과 경로이다.

 중국사회주의 시장경제체제의 확립 과정에서 "발전만이 진리다"라는 사상관념이 사람들의 마음 속에 깊이 뿌리를 내리고 있는 상황에서 중국의 정치체제 개혁은 반드시 경제발전과 경제체제 개혁의 요구를 중심으로 진행하여야 한다. 즉 경제발전과 경제체제 개혁이 어떤 측면의 정치체제 개혁을 요구하면 그 방면의 정치체제 개혁을 하는 것이다. 정치체제 개혁을 진행하여야 할 시기에 개혁을 진행하지 않으면 생산력과 경제발전을 저해하게 된다. 이것은 중요한 시점에 있어서 정치체제 개혁의 결정적 역할을 설명한다. 따라서 적절한 시점에서 정치체제 개혁을 하지 않으면 경제발전을 위한 토대를 마련할 수 없고, 경제발전이 없으면 진실로 사람들이 조화를 이루는 사회환경을 조성할 수 없게 된다. 당과 정부는 인민의 지지를 받을 수 없고 사회주의 조화사회 건설을 추진할 수도 없다. 사회주의 조화사회를 건설하는 것은 경제, 사회와 문화의 발전에 따라 계속적으로 추진하는 역사적 과정이다. 30년의 경제발전은 이미 조화사회 건설을 위한 견고한 물질적 기초를 마련하였고, 이는 2008년 초에 발생한 남방 여러 성의 빙설재해 및 3개월 후 발생한 사천성의 문천(汶川)대지진과 같은 심각한 자연재해도 이겨내고 극복할 수 있게 하였다.

사회주의 조화사회는 양호한 경제순환, 질서있는 사회발전, 사람 간의 조화로운 분위기, 평안한 삶과 즐겁게 일을 하는 사회이어야 한다. 정치개혁을 추진하는 것인 조화사회를 건설하는 기본경로이다. 정치적인 조화를 이루려면 적기에 정치개혁을 추진하고 정치개혁과 정치조화는 통일된 것이다. 일부 학자가 지적하듯이 "중점과 관건은 정치관계의 개혁과 정치운영제도의 개혁이다."12) 사회주의 정치개혁을 추진하는 과정에 반드시 당과 정부의 기능 분할, 당정관계 민주화 및 당정행위의 법제화가 기본적으로 필요하며, 질서있게 개혁을 추진하되 사회주의 현대화건설 과정에 정치개혁은 반드시 적당한 시기와 정책을 채택하여 여러 정치관계를 잘 처리하여야 한다. 개혁, 발전 및 안정 간의 관계를 정확히 처리해야 한다. 개혁의 강약, 발전의 속도와 사회가 감당하는 능력을 유기적으로 통일해야지 진정한 의미에서의 정치조화를 이룰 수 있다. 이는 중국의 정치 생태환경의 현 상황에 달려 있고 또한 중국 정치개혁의 내재적 논리의 필연적인 요구이기도 하다. 후진타오 주석이 2006년 7월 14일, 성(省)급 주요 영도간부 토론회에서 지적한 바와 같이 "사회공정과 정의를 실현하고, 인민의 근본이익과 관계된 것은 우리 당이 견지한 입당위공(立党为公), 집정위민(执政为民)의 필연적인 요구이고 사회주의제도의 본질적인 요구이다."

사회주의 조화사회 건설을 실현하기 위하여서는 반드시 지속적으로 정부기능을 전환하고 각종 정치체제 개혁을 완비해 나가는 것이 필요하다. 작은 정부, 큰 사회를 목표로 발전하여 공민사회건립을 확고히 하고

---

12) 杨宏山, 《当代中国政治关系》, 北京, 经济日报出版社, 2002年, 第44页。

비정부조직 인민의 사회생활 면에서의 정부역할을 분담하는 기능을 충분히 발휘하는 것이다. 사회자치와 자아실현 능력을 제고하고 공민의 사회관리참여를 적극적으로 진행하며, 공공지출을 낮추고 정부와 민중 간의 충돌기회를 감소시키는 것이다. 조화사회를 실현하기 위해서는 반드시 공민의 사회관리방면의 권리와 책임을 확보하고 평등하게 공공관리의 기회를 부여해야 하는데, 이는 현대 정부관리의 주요한 특징이고, 현재 중국이 조화사회를 실현하는 기본 전제조건이기도 하다. 동시에 기타 국가의 선진적인 경험을 흡수하여야 한다. 덩샤오핑이 일찍이 지적하였듯이 "사회주의가 자본주의에 비하여 우월한 지위를 확보하려면 반드시 대담하게 인류사회가 창조한 모든 문명의 성과를 흡수하고 참고하여야 하고, 세계 각국의 발달한 자본주의를 포함한 모든 현대사회 생산력 규율의 선진적인 경영방식, 관리방법을 흡수하고 참고하여야 한다."13) 후진타오 주석도 사상해방을 강조하고 중국의 개혁은 끝이 없다고 강조한 바가 있다. 조화사회는 사회발전이 이상적인 상태이고 또한 인류사회 발전의 중요한 가치정향으로 하나의 인류발전의 문화관념이기도 하다.14)

총체적으로 보면, 중국의 경제개혁 및 그 취득한 성과와 비교할 경우 중국의 정치개혁은 부족한 점이 많아 보인다. 심지어는 서방의 일부 언론에서는 제자리에 멈춘 상태라고 보고 있다. 사실상 이런 비관적인 관점은 정확하지 않은 것으로 이는 사실을 경시하였거나 아니면 임의로 왜곡한 것으로 중국과 서구의 충돌이라는 화제를 만드는 것이다. 이는 서방이 장기적으로 신봉하는 서구 보편주의와 중국 특수주의의 충돌의 결과이다. 두말할 것 없이 중국의 정치체제가 제자리에 멈춘 상태라면 중국의 경제개혁은 이런 성과를 거둘 수 없고 중국의 계속적인 경제성장을

---

13) 邓小平, ≪邓小平文选≫ 第三卷, 人民出版社, 1993年, 第373页。
14) 刘芳, "深化改革: 构建社会主义和谐社会的必由之路," ≪社会科学≫, 2006年 第12期, 第10页。

이룰 수 없었을 것이다. 지금까지 중국에서 성취한 경제성장은 서로 조응하는 정치의 상부구조가 있었기 때문이다. 중국에서 경제선행의 개혁개방의 방침을 진행하면서 정치개혁의 범위와 심도를 한층 더 진전시킬 필요가 있다. 이에 대해 후진타오 주석은 당의 제17차 대회보고에서 "정치체제 개혁은 중국의 전면적인 개혁의 중요한 구성부분으로 반드시 경제사회 발전과 더불어 계속적으로 심도있게 하여야 하고, 인민의 정치참여의 적극성 제고와도 서로 조응하여야 한다"고 지적한 바 있다.[15] 우리는 중국 정치체제 개혁이 반드시 중국 경제발전의 기적처럼 우리의 실정에 맞는 길을 모색해 나갈 것으로 굳게 믿고 있다.

---

15) 胡锦涛, "高举中国特色社会主义伟大旗帜, 为夺取全面建设小康社会新胜利而奋斗在中国共产党第七次全国代表大会上的报告," 人民出版社, 2007年.

[참고문헌]

俞可平. "治理与善治引论." ≪马克思主义与现实≫. 1999年5月。

刘芳. "深化改革: 构建社会主义和谐社会的必由之路." ≪社会科学≫. 2006年 第12期。

胡锦涛. "高举中国特色社会主义伟大旗帜, 为夺取全面建设小康社会新胜利而奋斗在中国共产党第七次全国代表大会上的报告." 人民出版社, 2007年。

_____. "在中共中央举办的省部级主要领导干部提高构建社会主义和谐社会能力专题研讨班开幕式上的讲话." 2005年2月19日。

张昌林. "三十年来我国政治体制改革的回顾与反思." ≪枣庄学院学报≫. 2008年2月。

杨宏山. ≪当代中国政治关系≫. 北京, 经济日报出版社, 2002年 第44页。

蒋俊杰. "构建和谐社会背景下我国政府改革的路径选择." ≪改革研究≫. 2006年6月。

邓小平. ≪邓小平文选≫. 第三卷. 人民出版社, 1993年。

_____. ≪邓小平文选≫. 第二卷. 人民出版社, 1983年。

黄卫平、陈文. "中国政治体制改革现状及其成因浅析." ≪社会科学研究≫. 2008年 第2期。

Gabriella, Montinola, Yingyi Qian, and Barry Weingast. "Federalism, Chinese Style, the Political Basis for Economic Success." *World Politics 48,* 1(1996), pp.50-81.

제2장

중국의 소프트 파워와 화평굴기:
중국이 가진 것과 갖지 못한 것, 현재의 도전에 대한 논의

스인홍(时殷弘)*

I. 중국의 소프트 파워와 화평굴기: 중국이 가진 것

중국의 부상은 지금까지 평화로운 굴기(崛起, peaceful rise)였고 적어도 예측 가능한 동안은 계속 그럴 것이다. 이는 중국 정부가 의지를 가지고 선택한 근본적인 전략이다. '화평굴기(peaceful rise)'란 기본적으로 다음 두 가지를 직접적으로 의미한다: 첫째, 중국은 세계 강대국으로 발전하기를 추구한다. 둘째, 어떤 다른 강대국들과 전쟁이나 장기적인 냉전대립을 거치지 않고 강대국이 되기를 추구한다. 동시에 간접적으로는 세 번째 의미도 가지고 있는데, 중국은 근대 세계사에서 흔히 보이듯 빨리 부상했다가 곧 소멸하는 경우가 아니라 오래 지속되는 일등급 강대국이 되는 것을 목표로 한다는 것이다. 어느 강대국과 대전쟁이나 장기적 냉전대결

---

* 중국 인민대학 국제관계학전공 교수(中国人民大学国际关系学院 教授).

없이 평화롭게 굴기한다는 것, 바꿔 말해 막대한 직·간접적, 장단기적 비용을 초래하는 그런 사태를 피하면서 부상한다는 것은 일등급 강대국이 되기 위해서뿐만 아니라 그 귀중한 위치를 가능한 오래 유지하기 위해서도 필요하다.

화평굴기는 크고 현저한 전략적 장점도 있다. 대부분의 경우 그것은 평화롭고, 비군사적이고 비억압적인 힘으로 규정되는 '소프트 파워'에 압도적으로 의존한다. 소프트 파워는 어느 국가가 자연적으로 물려받은 광대함 외에 성공적 국가발전에 따라오는 국가의 위신과 설득력 등으로 형성된다. 이에 더해서 경제, 무역, 외교(이는 매력, 설득력, 스타일이나 기술 그리고 외교적 수단에 의해 발휘되는 소프트한 기능 등으로 볼 수 있다), 문화, 그리고 해외로부터 들어오는 이민 등의 형태로 나타난다. 이 모든 것들은 비폭력, 점진적 축적, 광범위한 확산, 그리고 큰 윈-윈 효과라는 특징을 가지고 있다. 소프트 파워는 저항할 수 없고 가장 받아들일 만한 결과를 산출할 뿐 아니라 최소의 비용과 저항을 유발한다. 어떤 의미로 그것은 무적의 힘이다.

다만 여기서 두 가지 유보점을 지적하고자 한다: 첫째, 군사력은 위급 상황하에서는 가장 긴요하며, 평화 시에 상황이 악화되지 않도록 억지하는 기능이 있다는 것이다. 위신이나 영향력 그리고 때때로 국가에 요구되는 능력인 강제력 있는 외교능력과 같은 것은 군사력에 의해 산출된다. 둘째, 소프트 파워에 의해 산출되는 정치적 효과는 때로 완벽성의 측면에서 그 효과가 떨어지거나 느리게 기능한다. 그러나 가장 큰 장점은 비용이 적게 들며 전통 한약(漢藥)처럼 효과가 지속된다는 점이다. 자원의 부족과 함께 많은 내적 어려움을 안고 있는 중국은 비용을 절감해야 한다는 의식에 '사로잡혀' 있다. 하지만 동시에 중국은 인내심이 강하므로 상대적 느림을 감당할 수 있다. 그리고 중국은 장기적인 대야망을 가지고 있으므로 소프트 파워에 의존한 평화적 굴기에 의해 생산될 지속적인 힘을 더욱 선호한다.

지금 우리는 소프트 파워의 속성의 한계에 대해 언급하였는데 이 글의 논지에서 약간 빗나가지만 이론적으로 그것을 좀 더 탐구해 보는 것이 바람직하다. 여러 이론들은 각자 다른 이유로 소프트 파워를 좋아한다. 현실주의자는 경성 권력(hard power)에 좋은 보완이 되는 것으로 그것을 환영한다. 그러나 흔히 현실주의자들은 소프트 파워를 소유하고 발전시키려면 불가피하게 경성 권력을 삭감해야 한다는 것을 이해하지 못한다. 자유주의자들은 소프트 파워를 경성 권력의 건전한 대체제로 간주하고 그것을 좋아한다. 그러나 자유주의자들은 소프트 파워는 특히 단기적으로는 경성 권력만큼 그다지 효과적이지 않다는 것을 인정하려 하지 않는다. 소프트 파워는 위에서 언급한 것처럼 비용이 덜 들지만 덜 효과적인 경향이 있다. 구성주의자들은 소프트 파워를 세계정치를 규정하는 상호작용적이며 자비로운 구성적 과정으로 간주하며 좋아한다. 그러나 구성주의자들은 흔히 현실 정치에서 사람들이 당면 목적을 추구할 때 소기의 결과를 도출하는 데 매우 시간이 걸리는 이 구성주의적 과정을 감당하기에는 충분한 인내심을 갖지 못한다는 사실을 간과한다.

이 모든 것들은 소프트 파워의 근본적 한계를 언급하고 있으며 사람들이 경성 권력에 대해서 그런 것처럼 소프트 파워도 '숭배'하지 말 것을 환기시킨다.

이런 종류의 평화굴기의 개념은 세계정치의 변화하는 속성에 상당한 근거를 가지고 있다. 중국 굴기의 핵심적으로 중요한 근거는 무엇보다 현재의 사건들, 바꿔 말하면 30년 전 시작한 개혁개방 이래 중국이 달성한 커다란 국가적 성취에 의해서 이미 충분히 증명되고 있다. 그것은 리처드 로즈크란스(Richard Rosecrance)가 1985년 출판한 그의 유명한 책에서 강조했듯이 "무역국가의 부상"이란 것이며 그 책에서는 세계정치의 기본 논리의 상당부분이 변모하고 있는 것에 대해 지적하고 있다. 이런 변모 경향에 대해서는 "복합적 상호의존" 개념의 저자인 코헤인(Robert O. Keohane)과 나이(Joseph S. Nye)가 1977년 제기하고 상술하였다. 그런 변화에는 다음과 같은 현상들이 있다: 국가이익의 수단으로서 전쟁의 유용성이 급격히 감소하고 있다. 통상적인 국제관계의 주요한 이슈들이 영토-군사안보에서 경제와 소프트 파워 문제로 이동하고 있다. 경제, 문화, 외교 그리고 도덕적 영향력에서의 국가의 실적이 더욱 중요성을 가지며 일반적으로 군사적 실적보다 중요해진다. 전 세계적으로 국내 사회 모드, 근본적 가치, 그리고 국가의 주요 정책 개념 같은 것들이 점점 동질화되고 여러 가지 초국가적이고 비전통적인 위협들이 현저해지고 있다.

그런 변화 속에서 거대한 '무역국가'로서 중국의 부상과 '조화로운 세계' 개념의 지지자로서 중국의 현실적 기여는 의심할 나위 없이 역사의 흐름에 병행한다. 그리고 그러한 변화 속에서 중국은 세계 강대국이 되기에 상당한 가능성과 커다란 장점을 가지고 있다.

II. 중국의 소프트 파워와 가치관 기여: 중국이 갖지 못한 것

이제 광범위하기보다는 다소 좁게 소프트 파워의 개념을 다루어 보아야 할 텐데 이 맥락에서 중국은 낙관적으로 볼 수 있는 것과 전혀 거리가 멀다. 나는 중국의 지속적 굴기를 위해 필요한 가치에 대해 논하고 싶다. 한 국가가 지속할 수 있는 세계 강대국이 되기 위한 핵심적 전제조건은 근대 역사가 증명한 바에 따르면 역사에서 새로운 것, 혁신(innovation)을 도입하는 것이다. 이것은 그 나라가 세계사에 기여하는 것과 관련되며, 가치의 수준, 또는 엄밀한 의미의 위대한 소프트 파워의 수준에서 외부 세계에 주는 매력이며 자국민을 일깨우는 것과 관련되는 것이다. 중국의 개혁개방 이후 가치의 관점에서 중국은 세계에 어떻게 기여했는가?

근대에 통용되는 초국가적 가치는 매우 넓고 귀납적으로 보아 네 개의 기본적 범주로 압축된다: '경제 성장', '자유', '사회적 정의' 그리고 보다 최근에 태어난 '환경보호'의 네 가지이다. 개혁개방 이후 중국이 달성한 최고의 국가적 업적은 '경제성장'의 범주에 속한다. 그러나 이 가치 (경제성장) 그 자체는 중국 자신의 독창적인 것은 아니므로 한계가 있다. 지금 정부로부터 공공여론에 이르기까지 이 성과가 수년간에 걸쳐 지나치게 사회정의와 환경보호를 희생하고 얻어진 것이라는 의식이 점점 강해지고 있다. 개혁개방의 시작부터 중국사회의 경제적 '자유'는 실현되었다. 13억 인구가 경제적 자유를 얻는다는 것은 세계사에서 진정 커다란 자유의 확대이다. 그러나 이 가치(자유) 자체는 중국에 의해 도입된 새로운 혁신이 아니며, 중국이 다른 자유나 자유의 권리를 완전히 실현하기까지는 아직 갈 길이 멀다는 것은 더 말할 필요도 없다.

최근 중국의 어떤 학자들은 중국이 워싱턴 컨센서스에 구애받지 않고 개발도상국으로서 자기 식으로 지속적인 고속 발전을 성취하였으므로, 개발도상국들에게 새로운 대안적 발전모델(베이징 컨센서스)을 대표한다고 말한다. 부분적으로 그럴 듯한 이 제안에 대해 나는 진지하게 유보적 생각을 표하고 싶다. 나는 현재 사회적 부정의와 환경의 악화 및 다른 여러 가지 막대한 비용을 동반한 현존 중국의 심한 불균형 성장모델이 그렇게 위대하다는데 회의를 품고 있다. 이 발전모델은 개발도상국들이 지속적 발전을 위해 진정한 모델로 취해서는 안 되며, 취하지도 않고 있으며, 취할 수도 없다. 이런 의미에서 의심할 바 없이 '베이징 컨센서스'란 것은 없다.

중국의 발전과 세계에 미친 그 영향을 보면서 중국인은 국력이 성장하고 있다는 확고한 자신을 점점 더 갖게 되었다고 말할 수 있고, 세계의 힘의 구도를 평화롭게 바꿀 수 있다는 자신감도 현저하게 증가하였다.

그러나 (이 '그러나'의 의미는 매우 큰데) 현대 중국이 세계의 초국가적 가치체계에서 어떤 세계사적 중요성이 있는 주요한 기여를 할 것인지는 예측하기 어렵다. 그러니까 중국은 아직 엄밀한 의미의 위대한 소프트 파워가 부족한 것이다. 이런 의미에서 중국이 당면하고 있는 역사적 도전은 중국이 과연 혁신적이고 초국가적인 타당성과 적용성을 가진 '베이징 컨센서스'를 창출할 수 있는가의 문제이다. 중국이 진정 지속가능한 세계 강대국이 되려면 이 도전에 성공적으로 맞설 수 있어야 한다는 것을 중국인들은 마침내 깨닫게 될 것이다.

III. 국제적 책임: 중국의 새로운 키워드

중국의 대전략과 실천을 위해, 특히 중국의 미국, 유럽연합 및 다른 서구국가들과의 관계와 글로벌 거버넌스에 있어서 점점 더 장기적 중요성을 가진 문제들이 부각하고 있다. 이 문제들은 가까운 장래에는 더욱 현저해질 것이다. 첫 번째는 중국이 장담하는 '화평굴기'의 개념이 부분적으로 부적절해질 것이라는 점이다. 화평굴기는 말과 행동으로 매우 성공적이고 효과적이었는데 미국 정부를 비롯한 세계 대부분의 식자층들이 중국이 현재 평화적이며, 예견할 수 있는 장래에도 평화적이거나 또는 대체로 평화적일 것이라 분명히 믿고 있다. 앞으로 점점 더 필요한 것은 말뿐 아니라 행동으로 중국이 "책임있게 굴기" 한다는 보장이다.

더욱 지적할 것은 지난 조지 부시 2기 행정부가 이라크와 중동에서의 참담한 전략적·정치적 실패로 인해 1기 때보다 훨씬 덜 일방적이었다. 반면, 미국과 다른 서구 정부들은 중국의 다자주의와 국제협력을 평가하면서 자기들이 인식한 중국의 일방주의에 대해서는 점점 더 불만족하게 되었다는 것이다. 그런 불만족은 중국의 일방주의뿐 아니라, 반(反)인공위성 테스트, 에너지 탐색, 아프리카 외교, 서구국들과의 무역 마찰과 지구적 환경보호에 대한 태도, 그리고 '불량 국가(rogue states)'들을 경제적·전략적·외교적 이익을 위해 지나치게 용인하고 가깝게 지내는 것 등에서 나타난 것과 같다.

중국의 많은 사람들은 덩샤오핑이 남긴 가장 가치 있는 외교유산인 "낮은 자세를 취하는 것(韜光養晦)"이란 철학과 정책을 반복하고 강조하는 것이 중국이 평화롭고 신중하다는 사실을 세계에 장담하는 것을 돕는다고 생각한다. 하지만, 사실은 현재 그것은 바로 미국과 다른 서구의 파트너국들이 가장 듣기 싫어하는 말이다. 왜냐하면 그들의 귀에는 그것이 점점 더 '무임승차' 전략, 중국이 져야 하고 질 수 있는 책임에 대한 회피, 그리고 중국이 해주기를 희망하는 또는 심지어 중국에게 해주기를 강요하고 싶은 일들에 대한 서약의 회피로 들리기 때문이다.

간단히 말해 '평화굴기'또는 '평화발전'보다는 '국제적 책임'이 어떤 의미에서 중국의 거대전략 이슈에서 키워드가 되고 있다. 중국뿐 아니라 전 세계가 요구하는 글로벌 거버넌스는 중국이 아직 제한적이기는 하지만 증가된 자기 능력과 누리고 있는 이익에 비례하는 국제적 책임을 질 것을 요구하고 있다. 이 원칙에 대해 중국 내부에서는, 혹은 적어도 중국의 정치적 지도자들 사이에서는 대체로 이견이 없다.

IV. 현재의 임무: 새로운 도전에 대한 준비

중국의 외교정책은 지난 2년간 많은 성공을 거두었지만 지금 다양한 영역에서 각종 새로운 도전에 직면하고 있다. 첫째, 미국의 심화하는 경제적 질환과 중국의 불균형 경제발전으로 인해, 주로 미국의 수입초과로 특징지어지는 중·미무역분쟁이 일어나고 있다. 이것은 미국 국민들에게 "중국이 세계의 공장"이고 "중국이 불공정 무역을 한다"라는 것을 설득시키려는 노력 속에서 점점 더 정치화되어 왔다. 2006년 후반 이래 중·미 전략적 경제대화는 어떤 긍정적 결과를 얻었지만, 중국을 비판하는 미국 내의 보호주의세력들을 분명히 멈추게 할 만큼 충분하지는 않다. 한편 중국과 EU와의 무역갈등 역시 EU 내의 보호주의자들이 미국 내의 그런 세력들처럼 무역이슈에 관해 중국을 앞지르고 중국에 압박을 가하기로 결심했으므로 최근 현저하게 증가되어 왔다. 또한 중국산 제품에 대한 안전문제와 약한 달러화, 치솟는 유가(油價), 그리고 중국의 인플레이션 등이 중·미무역 상황을 더욱 복잡하게 하는 데 각각 역할을 해왔다.

2007년에 현저하게 부상하였고 앞으로 수년간 전 세계 정책결정에 영향을 미칠 것으로 기대되는 주요 문제 중의 하나인 기후변화(그리고 보다 광범위한 환경보호 문제)는 국제정치 어젠다에서 수위를 차지하게 되었다. 지난 30년간의 불균형 발전의 결과, 환경파괴의 쓴 결과를 이미 맛보고 있는 중국은 환경문제에 관해 증가하는 압력과 주목을 받게 되었다. 이는 중국 정부가 환경을 보호하기 위해 증가된 노력과 국제공동체의 구성원으로서 관련된 책임의 합리적인 몫을 부담하려는 의지를 보였는데에도 불구하고 그렇다.

한편 어떤 비정부단체와 정부들이 중국을 성공적인 2008년 올림픽 개최 서약으로부터 이탈시키려고 노력하였다. 정치적, 심리적 그리고 언론의 압력이 개최국에 가해졌다. 티베트문제와 티베트를 중국에서 분리시

키려는 분리주의 영적 지도자 달라이 라마는 2008년 3월 14일 폭력시위
가 발생하자마자 즉시 신문들의 헤드라인을 장식하였다. 이는 중국을 악
마화시키면서 당혹하게 하며, 그들의 국내적·국제적 정치 어젠다에 봉
사하기 위한 수단이었다.

　중국에게 가장 중요하게 당면한 문제가 다른 주권국가의 정부가 아니
라 변호사, 무역단체, 소비자, 노동조합, 이익단체, 미디어, 심지어 몇 명
의 개별적 저명인사 같은 비정부조직에 의해 야기되었다는 사실을 진지
하게 생각해 볼 가치가 있다. 이백 정도밖에 안 되는 구성원을 가진 이
다양한 종류의 개인과 분산된 행동그룹은(전통적인 국제관계시스템에서는
상상하기 힘들던) 흩어져 있으며 충동적이다. 그들은 빠르게 진보하는 원
거리 통신기술, 정보와 개인적 접촉 그리고 가치의 소통에 의해 추동되
는 소위 '초국가적 시민사회'의 발전으로 인해 더욱 다루기 힘든 도전을
중국에 제기한다.

　전통적 메커니즘이 아직 지배하고 있는 지정학, 군사분야와 외교관계
에서 중국은 이와는 다른 다양한 문제들이 가속적으로 등장하는 상황에
직면해 있다. 한 가지 예를 들면, 여러 세력들이 오해 또는 오역, 과장하
고 있는 "중국의 (미래의) 군사 위협론"이다. 주목할 만한 또 다른 변화는
동아시아에서 영향력을 증가시키기 위한 미국의 '외교적 반격'인데, 이
는 가장 최근에 상당한 변화를 이루었다. 이것은 반테러 추구와 중동과
근동(近東)이 워싱턴 당국의 외교정책의 핵심이며, '동아시아에 신경 쓸
시간이 없는' 9·11 이후의 상태에서 미국이 벗어날 수 없다고 믿을 이유
가 없다는 것을 보여준다. 그것은 동아시아에서 미국이 자기 이익을 위
해 동원할 수 있는 대안적 자원이 있으며, 미국이 충분한 전략적 의사만
있으면 동부와 서부전선 양쪽에서 동시에 싸울 수 있다는 것을 의미하기
때문이다.

　한편 중국의 동아시아 외교는 앞서 일련의 주요한 성과를 얻은 후 최

근 몇 개의 새로운 과업에 집중해 왔다. 2005년과 2006년 이래 매우 어려워진 북한과의 관계를 개선하는 것, 그와 동시에 정치와 전략 분야에서 상대적으로 분명하고 잠재적인 트러블을 가진 한국과의 관계를 발전시키는 것, 중-일 관계를 다음 단계로 더 진보시키는 것, 미얀마의 상황을 개선시키는 노력에 참여하는 것, 동아시아의 다자적 경제협력체제 형성을 추진하는 것 등이다. 이 모두가 조금도 쉽지 않다. 무역, 생태, 초국가적 시민사회와 외교 영역 등에서 위에서 언급한 상황의 진전이 어떤 새로운 장기적 조류를 구성하는 기본 요소가 될지 모른다. 2002년 11월 중국공산당 16차 전국대표대회에서 '전략적 기회의 창' 개념과 이후에 '화평발전' 개념을 제시한 후 세계의 정치조류에서 어떤 새로운 동학이 형성될 것 같았고, 또한 형성되었다.

현존하는 동학과 새로운 동학에 직면하여 중국은 지난 성취에 자만해서는 안 되며, 개혁과 개방의 도상에 국가를 올려놓았던 것과 같은 전략적 계발정신으로 중국의 새로운 접근을 탐구하고, 실험·관찰·적응시켜 착착 진행하여 나가야 한다. 이런 관점에서 중국 정부는 이미 탁월한 전략적 결정에 도달해 있는데 '과학적 발전관'이 그것이다. 그것은 균형 잡히지 못한 발전유형을 퇴색시킴으로써 대부분의 내적 외적 문제의 공통적 근원을 제기하도록 의도되었다. 이(과학적 발전관) 과업이 달성되면 중국은 세계정치에서 더욱 높은 고지에 도달할 수 있을 것이다.

제3장

미국과 중국의 군사교류:
전략적 경쟁자 혹은 이익공유자?*

차창훈

I. 문제 제기

　냉전체제의 해체와 소련의 붕괴는 미중 양국에게 공동의 위협이 사라졌음을 의미했으나, 양국의 전략적 협력요인을 증발시켜 미중관계의 새로운 전환국면을 모색하게 하였다. 클린턴 정부는 대중국 '포용정책(engagement policy)'을 통해 중국과의 '건설적인 전략 파트너십(constructive strategic partnership)'을 형성하였다. 부시 행정부 초기에는 중국을 '전략적 경쟁자(strategic competitor)'로 규정하였지만, 2001년 9·11 사건 이후 대 테러전쟁에서 중국의 협조가 필요해짐에 따라 2002년 '건설적 관계(constructive relationship)'로 재규정하였다. 집권 2기 부시 행정부는 중국을 '책

---

* 이 글은 필자가 『國際政治論叢』 제46집 2호, 2006에 게재한 논문을 수정 및 보완한 것이다.

임지는 이익공유자(responsible stakeholder)'로 명명했고, 2006년 4월의 미중 정상회담에서도 부시 대통령은 중국을 이익공유자로 지칭하였다. 중국 또한 지속적인 경제발전을 위해 미국과 서방의 자본과 기술의 유입이 필요하므로, 세계 정치경제를 주도하는 미국과의 우호적인 협력관계를 우선시하는 대외정책의 방향을 설정하고 있다.

미중관계는 지난 20여 년간 정치, 경제, 사회 및 문화 등 다양한 차원에서 양적·질적으로 확대 발전되어 왔으며, 상호의존적인 국제 정치경제 질서의 심화과정에서 양국의 이해관계는 더욱 밀접하게 중첩되고 있다.[1] 양국 간에는 미국의 대중 무역적자로 인한 위안화 절상압력 등 경제적 이슈와 북핵문제 해결을 위한 공동 노력 등 지역 내 시급한 안보 문제가 있으며, 환경, 인권, 대만문제 등 산적한 현안을 둘러싸고 첨예한 갈등과 협력을 반복하는 양상을 보여 왔다. 중국은 경제적 발전과 함께 외교적으로 유럽, 라틴아메리카, 아프리카, 중동, 중앙아시아 등의 국가들과 관계를 확대하고 있는데, 힘과 영향력에 있어서 미국에 견주는 새로운 잠재적인 경쟁자로 부상하고 있다. 중국은 최근 국제사회에 '책임을 지는 대국외교(負責任的大國)'를 주장하고, '평화부상론(和平崛起論)'과 '평화발전(和平與發展)'을 제기하면서 국제사회에 긍정적인 이미지를 부각시키는 데 외교적인 노력을 기울이고 있다.[2] 미국은 미일동맹 강화와 주한미군의

---

1) 미중관계의 발전에 대해서는 Harry Harding, *A Fragile Relationship: The United States and China since 1972* (Washington D.C.: Brookings Institution, 1992); David M. Lampton, *Same Bed, Different Dreams: Managing U.S.-China Relations 1989-2000* (Berkeley, California: University of California Press, 2001). 9·11 테러 이후 미중관계에 대해서는 David Shambaugh, "Sino-American Relations since September 11: Can the New Stability Last?" *Current History* (September 2002), pp.243-249.

2) Evan S. Medeiros and M. Taylor Fravel, "China's New Diplomacy," *Foreign Affairs*, Vol.82, No.6(Nov/Dec 2003), pp.22-35. 중국의 평화부상론(和平崛起論)과 그 논의의 정치적 배경에 대해서는 Bijian Zheng, *China's Peaceful Rise: Speeches of Zheng Bijian* (Washington D.C.: Brookings Institution Press, 2005); Robert L. Suettinger, "The

재배치 및 동북아 신속기동군 체제로의 역할 전환을 추진함으로써 중국의 부상에 따른 동아시아 안보환경의 변화에 대응하고 있다. 중국의 부상에 대해 지역 내 국가들과 미국 내에서 재차 '중국위협론(China threat)'이 제기되고 있는데, 2005년 여름 미국 내에서 심화되는 대중 무역적자, 중국의 미국 기업 인수, 세계 에너지와 여타 자원에 대한 중국의 수요에 대한 충격 여파 등으로 중국의 부상에 대한 새로운 논쟁이 제기되었다.[3]

　미중관계의 성격은 향후 수십 년간 어떻게 발전할 것인가? 미국과 중국은 상이한 정치체제와 국제질서를 인식하는 날카롭게 대립되는 세계관을 바탕으로 동아시아 지역을 둘러싼 서로 다른 첨예한 전략적 이해관계를 갖고 있다. 향후 두 국가는 동아시아에서 전략적인 우위를 점하고 지도력을 행사하려는 경쟁을 할 가능성이 크다. 현재 중국은 2차 대전 후 동아시아 지역에 미국이 구축한 쌍무적 군사동맹의 안보구조에 불만을 갖고 있으며, 새로운 안보구조 형성에 관심을 갖고 있다.[4] 중국은 현재의 동아시아 안보구조는 미국 지도하에 반공산주의 군사블록의 성격을 지닌 냉전시대의 유물이라 평가하고, 미국의 '단극체제(unipolar world)'를 창출·유지하려는 패권에 비판적인 시각을 갖고 있다.[5] 중국은 미국

Rise and Descent of Peaceful Rise," *China Leadership Monitor,* No.12(Fall 2004), pp.1-10; 閻學通, "和平崛起與保障和平," 『國際問題研究』, 2004年 第3期, pp.12-17.

3) 2005년 중국의 부상과 미중관계의 전망에 대해서 미국 내 다양한 견해들을 소개한 글로는 Aaron L. Friedberg, "The Future of U.S.-China Relations: Is Conflict Inevitable?" *International Security,* Vol.30, No.2(Fall 2005), pp.7-45.

4) 향후 북핵6자회담의 제도화와 다자간 안보협력기구로의 전환에 대한 중국의 기대는 이러한 관점을 보여준다. 任曉, "六方會談與東北亞多邊安全機制的可能性," 『國際問題研究』, 2005年 第1期, pp.38-41.

5) 지역 내 안보구조의 재편을 의도로 1990년대 후반 중국이 제창한 '신안전개념'에 대해서는 차창훈, "거버넌스와 중국의 지역안보 전략 논의: 다자주의와 '新安全槪念'을 중심으로," 이제민·차창훈(공편), 『동아시아의 거버넌스: 지역, 국가, 지방에 대한 다층적 접근』(서울: 도서출판 오름, 2004), pp.81-113.

의 힘이 제한되고 약화되는 '다극체제(multipolar world)'를 추구하고 있으며, 미국은 시장경제와 민주주의 확산을 통해 미국과 서구의 이해관계에 유리한 안보구조를 지속하려고 한다. 양국의 상이한 안보전략과 이해관계는 향후 동아시아 지역 내에서 양국 모두에게 세력균형 혹은 세력전이의 현실주의적(realpolitik) 행동양식을 예견하게 하고 있다. 현실주의적 선택을 조율하고 갈등을 방지하며, 협력을 이끌 수 있는 장치 중의 하나는 양국의 안보 군사교류를 통한 협력을 제도화하는 것이다. 물론 양국의 안보협력은 동아시아의 다자간 안보협력의 발전과 제도화 맥락에서 이루어질 수 있지만, 이러한 협력체가 가시적으로 존재하지 않는 현재의 상황에서 양국의 군사교류는 잠재적인 패권경쟁이 초래하는 갈등을 조절하는 중요한 제도적 장치가 될 수 있다.

미중 군사교류의 중요성에도 불구하고 군사분야는 1972년 닉슨의 중국 방문 이래 미중관계의 발전과정에서 가장 취약한 부분으로 남아 있다. 양국의 상이한 세계 인식과 안보 전략은 미중 군사교류 관계를 제약하는 요인이었는데, 2005년 10월 19일부터 3일간의 미국 국방장관 도널드 럼스펠드(Donald Rumsfeld)의 중국 방문은 미중 군사교류를 확대 발전시키려는 미국 측의 의도로 분석된다. 럼스펠드는 후진타오(胡錦濤) 국가주석 및 차오깡촨(曹剛川) 국방부장과의 회담을 통해 양국의 안보 및 군사현안에 대한 논의를 마치고 귀국하였다. 그의 중국 방문은 지난 2001년 4월 미정찰기 EP-3가 남중국근해에서 중국전투기와 충돌한 사건으로 취소된 이후 4년 만에 재개된 것이다. 이 방문은 2003년 10월 중국 국방부장 차오깡촨의 미국 방문에 대한 답방의 성격을 갖는 것으로, 미 국방장관으로서 2000년 클린턴 행정부 당시 윌리엄 코헨(William Cohen)의 중국 방문 이래 부시 행정부에서 처음 있는 일이다.

이 글은 미중 양국의 전략적 이해관계를 조정하고 협력을 제도화할 수 있는 장치로서 양국의 군사교류의 확대가 본격적인 정책의제로 부상했다는 점을 주목하고자 한다. 따라서 본 연구는 미중 군사교류 재개를 위한 럼스펠드의 중국 방문을 계기로 미중 군사교류의 현황과 이 문제를 둘러싼 양국의 상이한 인식 차이와 전략적 문제들을 논의하고, 향후 전망을 분석하는 것을 목적으로 한다. 2절에서는 미중 군사교류의 역사를 반추하고, 럼스펠드의 중국 방문 활동과 목적을 서술할 것이다. 3절에서는 군사교류와 관련된 문제점과 한계가 양국의 상이한 인식과 전략적 이해관계에 기초한다는 점을 강조할 것이며, 4절에서는 향후 미중 군사교류에 영향을 주는 전략적 요인과 전망을 기술하고자 한다.

II. 미중 군사교류의 역사적 전개

미중 군사교류는 1980년 미 국방장관 해롤드 브라운(Harold Brown)의 중국 방문 이후 실질적으로 시작되었지만, 헨리 키신저(Henry Kissinger)가 소련군에 대한 정보를 중국과 공유하기 시작한 1971년의 안보협력에서 기원을 찾을 수 있다. 1972년 닉슨의 중국 방문 이후 미중 군사교류는 미중관계에서 일반적 발전과정의 부침(浮沈)에 영향을 받았다. 구(舊) 소련이라는 공동의 위협은 미국과 중국에게 군사교류(military exchange)의 분명한 전략적 필요성을 제공하였다.

그러나, 1980년대 후반 냉전체제 해체로 인한 국제정치 지형 변화와 중국내부의 천안문사건은 미중 군사교류의 중단과 재정립이라는 반복과정에 중요한 요인으로 작용하였다. 현재 미국은 '부상하는 중국'에 대한 지속적인 군사적 모니터링과 신뢰구축의 필요성 차원에서, 그리고 중국은 국방현대화 성취를 위한 수단으로서 미중 군사교류의 전략적 필요성을 인식하고 있다.

2절에서는 미중 군사교류의 역사적 전개과정과 그 부침을 서술하고자
한다. 미중 군사교류의 역사적 전개과정을 냉전시기를 전후로 소련이라
는 전략적 위협이 존재했던 시기와 전략적인 경쟁관계의 양상을 보이는
탈냉전시기로 구분하여 고찰하고, 지난 2005년 10월 럼스펠드 국방장관
의 방중 활동과 군사교류 재개의 의미를 살펴보고자 한다.

1. 전략적 위협 공유기(냉전기: 1972년~1980년대)

초기의 미중 군사교류는 "소련의 공격으로부터 미국의 중국 안보에 대
한 지지와 미국의 한국, 일본, 인도차이나 지역 정책에 대한 중국의 협
력"[6]을 주요 내용으로 하고 있었다. 그러나 1979년 양국의 국교정상화가
이루어지기 전까지 미중 군사교류는 답보상태에 머물러 있었다. 미국 국
무성의 정책결정자들 중 다수는 중국과 군사교류의 진작은 미소관계의
데탕트 정신을 잠재적으로 훼손시켜 소련을 적대화하는 결과를 가져올
것이라 믿고 있었다. 중국 또한 미국이 대만과의 국교를 유지하고 있는
상황에서 미국과의 안보협력을 증진하는 것을 회피하였다. 미국도 대만
에 대한 전략적 고려를 이유로 미국 혹은 미국의 동맹국이 중국에 군사
무기나 관련 기술을 판매하는 것을 허용하지 않았다. 1978년 카터 행정부
의 안보보좌관 브레진스키(Zbigniew Brzezinski)는 양국의 국교정상화를 위해
북경을 방문하고 군사대표단의 상호 방문을 제안하였다. 그는 또한 중국
의 영국 혹은 프랑스로부터 방어적 무기를 구입과 미국의 민군 겸용기술
(dual-use technology) 판매를 허용하겠다는 미국 측 의사를 전달하였다.[7]

6) Harding(1992), p.88.
7) Zbigniew Brzezinski, *Power and Principle: Memoirs of the National Security Adviser
1977-1981* (New York: Farrar, Straus, Giroux, 1983), p.209.

미중 간의 실질적 군사교류는 1979년 양국의 국교정상화 이후 진전되
었다. 1980년 미 국방장관 해롤드 브라운과 중국 국방부장 겅비야오(耿飚)
의 상호 방문은 무관부(military attaché office)를 설치하고 고위급 인사교류
의 정례화에 기여하였다. 미국은 대만관계법8) 제정으로 중국의 군사교
류의 확대에 소극적이었으나, 1979년 말 소련의 아프가니스탄 침공은 양
국의 정책을 재검토하는 계기를 마련하였다. 미국은 중국에게 위성으로
부터 정보를 수신받는 지상국(ground station), 군수송기, 군용헬기 및 통신
장비 등 비치명적(nonlethal)인 군사장비와 경우에 따라 치명적인 군사장비
의 판매도 허용하겠다는 의사를 표명하였다.9) 이러한 국면 전환은 양국
고위급 군인사의 교류로 이어졌으며, 미국은 중국에게 400여 종의 다양
한 민군 겸용기술과 군사용 장비의 수출인가증을 허용하였다. 여기에는
지구관측용 컴퓨터, 중장비 트럭, C-130 수송기 및 치누크 헬리콥터 등이
포함되어 있었다.10)

4월 미국은 대 공산권수출통제위원회(COCOM: Coordinating Committee for
Multilateral Export Controls)에서 중국을 수송기, 장거리 통신장비 및 군용헬
기 등 민감한 분야의 수출금지 대상에서 제외하였다. 그러나, 미국의 대
중 군사무기 수출허용은 소련의 도발이라는 전제하에 그 억지적 가치가
있는 것이며, 중국이 미국이 제공한 군사기술의 제3국 이전 금지에 관해
명백한 준수 선언을 거부하는 상황에서 미국은 동맹국들이 갖는 우려를
잘 인식하고 있었다.11) 중국 또한 1970년대 후반 약 25%의 국방비가 삭

---

8) 대만관계법(Taiwan Relations Act)은 1979년 4월 10일 통과되었다. 이 미국 내 법
안은 미국이 대만의 사회경제체제 혹은 안보를 위험에 처하게 할 수 있는 모든
형태의 무력사용에 대응하여 미국이 방어적 성격의 무기를 대만에게 제공한다
는 내용을 골자로 하고 있다.
9) Harding(1992), p.92.
10) Jonathan Pollack, *The Lessons of Coalition Politics: Sino-American Security Relations*
(Santa Monica: RAND Corporation, 1984), p.70.

감된 상황에서 미국이 제공하는 군사장비에 대한 구매력을 갖고 있지 못했으며, 중국의 군수산업은 미국 군사기술 유입을 흡수할 만한 여력이 기술적으로 그리고 조직적으로도 준비되어 있지 못했다.[12) 중국에게 군사무기 판매는 정치적인 의미로 해석되었고, 보다 확대된 양국의 군사교류는 1980년대에 가시화되었다.

1981년 레이건 행정부가 들어섰을 때 미국의 대만으로의 무기수출을 둘러싼 상이한 이해관계는 미중 군사교류의 진전을 방해하는 걸림돌로 작용하였다. 1982년 8월 17일 양국이 합의한 공동 코뮤니케(Joint Communiqué)에는 일정한 시점까지 미국이 대대만 무기수출을 감소한다는 조항이 있었는데, 이 조항은 양국의 견해차를 줄일 수 있는 계기로 작용하였다. 다음 해 5월 레이건 행정부는 대 공산권수출통제위원회(COCOM)에서 중국의 범주를 일본 및 서구국가들과 같은, 보다 완화된 'P'의 범주로 하향 조정하였다.[13) 1983년 9월 미 국방장관 와인버거(Caspar Weinberger)는 북경을 방문해서 '3가지 접근법(three pillars approach)'으로 알려진 양국 간의 군사교류를 제안하였다. 고위급 방문, 기능적 수준의 교류 및 군사기술 협력의 3가지 접근방법에 대하여 양국은 원칙적인 합의를 보았고, 훈련, 병참 및 군사전술과 관련한 양국 간 교류를 시작하였다.[14) 양국 내에는 한국전쟁시 서로를 적대국으로 인식하고 참전했던 군인사들이 현존해 있었고, 대만 문제에 대한 이해관계가 상이했음에도 불구하고 이러한 교류는 진척을 이루었다. 1984년 중국은 처음으로 미국의 군사장비와 무기를 구매할 수 있는 자격(FMS: Foreign Military Sales)을 부여받았는데, 방어적 목적의 구매

11) Pollack(1984), pp.19-20.
12) Wendy Frieman, "China's Military R & D System: Reform and Reorientation," in Denis Fred Simon and Merle Goldman (eds.), *Science and Technology in Post-Mao China* (Harvard: Harvard University Press, 1989), pp.251-286.
13) Pollack(1984), p.108.
14) Pollack(1984), p.118.

에 한정되었다. 1986년 미국 해군은 청도(青島)를 해상 방문하였고, 미 공군 선더버드는 이듬해 북경에서 비행하였다. 1987년에 미국과 대만에는 위협이 되지 않으면서 중국군의 현대화를 도와 소련에 대한 방위력을 향상시키는 4가지 해외군사판매(FMS)의 무기기술 이전에 대한 미중 간의 계약이 체결되었다.15)

그러나, 1987년 이후 중국의 일련의 대중동 무기수출과 이에 대한 부인 등은 미국방성 내의 정책결정자들에게 미중 군사교류에 대한 재평가를 야기시켰다. 예를 들면, 이란에 판매된 실크웜미사일(Silkworm antiship missiles)은 페르시아만의 미 해군을 공격대상으로 하는 것이며, 국방성의 정책결정자들은 중국의 무기수출 정책은 미국의 이해관계와 충돌하는 것이라 판단하였다.16) 중국의 대 중동 무기수출은 개혁개방정책에 따른 재원을 확보하기 위한 국방관련기관들의 복잡하고 다양한 이해관계에 기인하는 것이었지만, 미국에게는 미중 군사교류의 유용성에 회의를 주기에 충분했다.17)

---

15) '피스 펄(Peace Pearl)' 프로젝트로 명명된 이 계약에 대해서는 후술함. Eden Y. Woon, "Chinese Arms Sales and U.S.-China Military Relations," *Asian Survey*, Vol.29, No.6(June 1989), p.602.

16) Woon(1989), pp.612-613.

17) 중국의 해외무기수출의 내부적 메커니즘과 관련기관들의 이해관계에 관해서는 John W. Lewis, Hua Di and Xue Litai, "Beijing's Defense Establishment: Solving the Arms-Export Dilemma," *International Security*, Vol.15, No.4(Spring 1991), pp. 87-109.

2. 전략적 위협 부재기: 전략적 경쟁과 협력 모색기
(탈냉전기: 1990년대~현재)

1989년의 천안문사건은 무관부 활동, 무기판매, 기술이전, 고위급 상호 방문 등 군사교류뿐만 아니라 미중관계 전체에 깊은 영향을 주었다. 천안문사건으로 미국은 중국과의 전면적 관계를 중단하였으나, 1990년대 초부터 미중관계에 대한 재평가 속에서 군사교류를 부분적으로 허용하였다. 예를 들어, 부시 행정부는 천안문사건 이전 중국 측이 구입했던 대(對)잠수함 어뢰, 대포병 탐지레이더, 군수공장 설비 및 F-8 전투기용 전자기어(electronic gear) 등의 이전을 허용하였다. 탈냉전 후 소련이라는 공동의 위협이 사라졌음에도 불구하고 미국 내 다양한 정책 전문가 집단 내에서는 중국과의 군사교류의 필요성에 대한 주장이 제기되었기 때문이었다. 클린턴 행정부는 인권문제 등에 대한 미국 내 비판에도 불구하고, 윌리엄 페리(William Perry) 국방장관 등의 의견을 반영하여 전반적인 중국과의 관계를 '종합적인 포용정책'으로 설정하였다. 페리는 미중 군사교류를 정당화하는 논리를 제공하였는데, 중국은 세계에서 가장 빠른 경제 성장 국가이며, 핵무기를 보유하고 급속한 국방현대화를 추진하는 안전보장이사회 상임이사국이므로, 중국인민해방군과 상호이해와 신뢰 증진을 위한 고위급 및 기능적 수준에서의 교류는 미국의 국익증진에 필수불가결하다라는 것이다.[18] 어쨌든 이 시기부터 미중 군사교류와 관련하여 미국의 대소정책은 더 이상 고려 사항이 아니며, 인권문제와 대만문제만이 중요한 고려 요인으로 남게 되었다. 1995년 미 의회가 국방성이 중국 인민해방군에게 군수산업으로 전환할 수 있는 무기 혹은 기술이전

---

18) Secretary of Defense William Perry, Memorandum for the Secretaries of the Army, Navy, and Air Force Concerning the U.S.-China Military Relationship, July 1994. http://www.gwu.edu/~nsaarchiv/NSAEBB/NSAEBB19/12-01.htm(검색일: 2006.3.20).

을 제한한 입법은 이러한 우려를 반영하였다.

1995~96년의 대만해협 위기는 미국의 대중국 포용정책에 대한 재평가와 양국의 고위급 상호 방문의 간헐적인 중단을 가져왔지만 양국의 군사교류는 지속되었다. 1997년과 1998년에 클린턴 대통령과 장쩌민 국가주석의 연이은 상호 방문 회담은 양국 간 다양한 기능적 및 전문적 교류를 촉진시키고, 군사교류는 고위급 상호 방문, 다자회담 대화 및 신뢰구축 등의 범위로 확대되었다. 1997년 10월 장쩌민 주석의 미국 방문 후, 양국은 해상안전을 위한 군사 자문 및 인도주의적 위기와 재난 구조를 위한 정보 교환 등에 대한 합의를 도출하였고, 12월에 미중 양국은 최초로 국방자문회담(Defense Consultative Talks)을 개최하였다.19) 1998년 1월 미 국방장관 윌리엄 코헨(William Cohen)은 북경을 방문하여 군사해상자문협정(MMCA: Military Maritime Consultative Agreement)에 합의하고, 양국군이 해상과 공중에서 충돌할 가능성을 줄이는 합의에 도달하였다. 코헨은 중국 공군기지를 시찰하였는데, 그의 방문은 양국군이 보다 많은 정보를 공유하고 군사시설을 상호 방문하게 되는 상징적 계기로 작용하였다.20) 미국은 제한된 군사지역을 제외하고 중국 내 인민해방군의 병참시설, 해군기지 및 군사학술 지역을 방문할 수 있었고, 중국도 후드(Hood)와 텍사스의 군사기지 등 미국 내 군사시설을 방문하였다.

1998~99년 기간 동안 후일 '콕스 보고서(Cox Report)'로 알려진 미하원의 중국의 군사첩보 활동에 관한 청문회는 미중 군사교류에 관해 미국 내 주목을 받는 계기가 되었다. 워싱턴 타임즈지는 미국방성의 80개 항목의 미중 군사교류 프로그램을 보도하였는데, 12개의 고위급 장교 방문, 40개의 기능적 수준의 군장교 교류, 16개의 신뢰구축 조치 그리고 13개의 국

19) White House, "Fact Sheet: Accomplishments of U.S.-China Summit," October 29, 1997.
20) U.S. Department of Defense, *News Articles* (January 20, 1998).

제 안보회담 등의 항목들이 포함되어 있었다.21) 미 하원의원들은 미국 내 군사시설의 방문활동을 통해 이루어지는 중국의 첩보활동에 대하여 "잠재적 적국의 전쟁능력을 현대화하는 일을 돕는 것은 미친 짓"이며, 아시아에서 미국의 국익을 위협하는 행위라 비난하였다.22) 그러나, 미하원의 청문회조사와 1999년 5월 미국의 베오그라드 중국대사관의 오폭사건에도 불구하고, 2000년 7월 코헨의 중국 방문은 양국의 군사교류에 새로운 전기를 마련하였다. 양국은 인도적 지원, 항구 방문 및 의료대표단에 대한 합의를 하였고, 2000년에는 고위급 상호 방문, 전문가 교류, 신뢰구축 조치 및 다자간 협의체 만남 등 34개의 군사교류 활동을 지속하였다.

양국의 군사적 밀월관계는 부시 행정부가 들어서면서 국방장관 도널드 럼스펠드가 대중정책을 재검토하면서 교착기에 접어들었다. 부시 행정부는 9·11 테러사건으로 중국의 협력이 필요로 하기 전까지 중국을 '전략적 경쟁자(strategic competitor)'로 규정하고 미국의 대중정책을 근본적으로 검토하기 시작하였다.23) 럼스펠드는 클린턴 행정부의 대중정책에 대한 비판을 반영하여, 국방성의 인민해방군과의 교류프로그램을 전면적으로 재검토하여 새로운 청사진을 얻고자 하였다. 그는 중국과의 군사교류를 관리하는 상호성(reciprocity)과 투명성(transparency)이라는 새로운 원칙을 제도화하는 것을 희망했고, 예정된 군사교류 활동을 중단하기도 하

---

21) Bill Gertz, "Military Exchanges with Beijing Raises Security Concerns," *Washington Times* (February 19, 1999).

22) Bill Gertz, "General Postpones Trip to China," *Washington Times,* March 22, 1999. Gertz의 군사교류를 포함한 클린턴 행정부의 대중정책에 대한 신랄한 비판은 '중국위협론'을 전파한 그의 저서를 참조. Bill Gertz, *The China Threat: How the People's Republic Targets America* (Washington D.C.: Regnery Publishing Inc., 2000).

23) 이 시기 미국의 대중정책 전환에 관해서는 David Shambaugh, "Sino-American Strategic Relations: From Partners To Competitors," *Survival,* Vol.42, No.1(Spring 2000), pp.97-115.

였다. 럼스펠드의 소극적 태도와 2001년 4월 미 정찰기 EP-3의 중국연해 충돌사건으로 양국의 군사교류는 2001년 후반까지 제한적으로 진행되었다. 반면, 중국은 2001년 9·11 테러사건 이후, 2002년 12월 제5차 국방자문회담 등에서 일련의 군사교류 프로그램을 지속적으로 제안하였지만 미국 측의 긍정적인 회답을 얻지 못했다. 럼스펠드는 미중 군사교류의 진전과 관련하여 공식적으로 처음 '상호성'과 '투명성' 문제를 거론하기 시작하였는데, 이 문제는 3절에서 다루기로 한다.

3. 2005년 럼스펠드 국방장관의 중국 방문 목적과 활동

2005년 10월 19일부터 21일까지 3일간 재임 중 처음으로 북경을 방문한 미국 국방장관 도널드 럼스펠드는 후진타오(胡錦濤) 국가주석 및 차오깡촨(曹剛川) 국방부장과의 회담을 통해 양국의 안보 및 군사현안에 대한 논의를 마치고 귀국했다. 럼스펠드의 중국 방문은 북핵문제의 공동해결, 올해 2,000억 달러에 이를 것으로 예측되는 미국의 대중무역적자와 위안화 절상 압력, 지난 8월에 최초로 실시된 중러 군사합동훈련, 지난 7월 상하이 협력기구(Shanghai Cooperation Organization)에서 채택된 미군의 중앙아시아 병력 철수시한과 관련된 중국의 역할 등 양국의 갈등이 노정되는 미묘한 시점에서 이루어졌다. 지난 4년간 중국은 럼스펠드의 방문을 구애하여 왔는데, 그의 방문에 상응하는 조치로 그동안 공개되지 않았던 재래식 및 전략핵 미사일을 관할하는 북경부근 칭허(清河)에 위치한 제2포병 전략미사일부대 본부를 미국인에게 최초로 시찰할 수 있는 기회를 부여했다. 럼스펠드는 제2포병대의 병력과 무기수를 제외한 조직과 구성, 군사훈련 및 장비 등에 대한 중국 측의 보고를 받았지만, 미국 측이 요청했던 '중국의 펜타곤'이라 불리우는 '웨스틴 힐(Western Hill)'의 방문은 수용되지 않았다. 럼스펠드는 이 밖에 중국공산당 당교(黨校, 고위 공산당 관료를 위한 교육기관)와 중국군사과학원을 방문하여, 미래의 중국공산당 및 군부지도자들에게 연설할 기회를 부여받았다.24)

럼스펠드의 방문 목적은 중국군의 주요 군사시설 방문과 고위군사 회담을 통해, 중국의 군사력 증강의 정확한 의도를 파악하고 양국의 군사교류를 재개하는 것으로 판단된다. 그는 방문 중 수차례 중국 인민해방군의 군비증강에 대한 '투명성(transparency)' 문제를 거론하였는데, 미국의 군사교류 의지를 피력하고 그 원칙으로서 '투명성'을 강조한 것으로 보인다. 럼스펠드는 북경행 비행기 안에서 중국의 군비증강 의도를 언급하면서 이번 방문의 목적이 지난 4년간 답보상태에 머무른 미중 군사관계의 개선에 있음을 시사하였다. 그는 중국공산당 당교에서 중국의 국제문제에서 보다 많은 역할, 중국민의 자유 신장 및 급속한 군비확충에 대한 투명성 제고를 주요 내용으로 하는 연설을 하였다. 미국의 태평양사령부 총사령관인 윌리엄 팔론(William Fallon)의 발언도 이러한 사실을 뒷받침해준다. 그는 럼스펠드의 중국 방문 후, 언론 인터뷰에서 "우리는 지난 수년간 몇 가지 이유로 중국군과의 대화가 부족했으며, 많은 불신과 무지가 있다고 믿고 있다."라고 언급하고, 중국 측 대표도 호놀룰루에서 열리는 다자간 아태 군장성회의(Asia-Pacific Chiefs of Defense meeting)에 참여할 수 있기를 희망한다고 피력하였다.25)

이번 회담에서 미국 측은 양국 군사 간 신뢰구축 조치의 하나로 전략적인 오판과 오해를 피하기 위해, 워싱턴과 북경 간에 '핫라인(hotline)' 구축을 제안하였다. 케네스 리버살(Kenneth Lieberthal)의 지적처럼 '핫라인'은 양국관계에서 매우 상징적이며, 대만문제와 같은 잠재적 갈등요인을 고

---

24) U.S. Department of Defense, *News Articles* (October 19, 2005).
25) Audrey MaCavoy, "Pacific Commander aims to expand contacts with China," *Associated Press* (October 24, 2005).

려할 때, 보다 나은 의사소통과 개방성을 통해 양국의 군사지도자들은 잘못된 판단을 제어할 수 있을 것이다.[26] 특히 지난 7월 중국 전략문제연구소 소장 주청후(朱成虎)의 미국의 주요도시 핵 선제공격 발언은 대만문제가 갖는 군사적 충돌의 잠재성을 상징적으로 시사하고 있다.[27] 비록 중국 정부가 이 발언에 대해 서둘러 진화에 나섰지만, 대만문제를 둘러싼 양국의 오해와 오판은 군사적 긴장을 불러 일으킬 수 있다는 우려를 던져주고 있다. 중국 측은 '핫라인' 제안을 거부했으며, 단지 고위급 군사교류의 확대, 군사교육 교류 등을 수용했다고 알려졌다. 합동기자회견에서, 중국 국방부장 차오깡촨은 럼스펠드가 제기한 국방지출을 부인하고, 중국의 국방비는 공식적으로 발표된 290억 달러라 주장하였으며, 제2포병대 사령관 징즈위안(靖志遠)은 중국이 전략핵무기를 선제공격한다는 주장은 근거 없는 일이라고 미국의 우려를 불식시켰다.[28]

럼스펠드는 중국 방문 전인 2005년 6월 4일 싱가포르 방문 연설에서 중국의 군비증강은 "아시아 군사력 균형에 위협적"이며, 지난 수년간 2자리 수의 중국 군비지출 증가율과 그 비밀성에 문제를 제기한 바 있다.[29] 럼스펠드의 이러한 생각은 2005년 7월에 발간된 미 국방성의 의회 보고서에 잘 나타나 있다. 이 보고서에 따르면 중국 군비증강의 속도는 대만과의 군사력 균형을 넘어서고 있으며, 올해 중국의 국방지출은 중국

---

26) Philip P. Pan, "In China, Rumsfeld urges greater global role, freedom and military candor," *Washington Post* (October 19, 2005); Demetri Sebastopulo, "Rumsfeld worried by China military expansion," Financial Times (October 19, 2005); "Rumsfeld tells China its military buildup worries neighbors," *New York Times* (October 21, 2005).

27) Joseph Kahn, "Chinese general threatens use of A-bombs if US intrudes," *New York Times* (July 15, 2005).

28) Robert Burns, "China Nuclear Assurance to Rumsfeld," *Associated Press* (October 20, 2005).

29) "Rumsfeld: China's military buildup a threat," *Associated Press* (June 4, 2005).

정부의 공식발표의 2~3배에 달하는 900억 달러를 넘어서고 있다. 중국은 대만상륙작전을 위해 첨단무기 및 100여 기의 단거리 탄도미사일 등을 매년 구입하고 있으며, 전투기, 전투함, 잠수함 등 재래식무기들도 러시아 및 여타 국가들로부터 구매하고 있다.[30] 이 보고서는 중국군 장성의 미본토 핵선제공격 발언 며칠 후 발간되었으며, 이 발간과 함께 미 하원은 미국 군사기술을 중국에 판매한 유럽의 기업들에 벌금을 부과하였다. 물론 백악관 대변인은 미국이 중국을 위협적으로 인식하고 있는 것은 아니라고 부인하였지만, 중국군 현대화의 속도 및 규모와 관련된 지속적인 관찰이 필요하다고 지적하였다. 이에 대해 중국의 외교부 부부장 양지에치(楊洁篪)는 이 보고서가 중국의 국방현대화, 즉 정상적인 국방건설과 군사력 발전을 비난하고 있다고 언급하고, 미국은 중국위협론을 확산하여 중국의 국내문제에 간섭하고 주변 국가들과의 관계를 이간질하고 있다고 비판하였다.[31] 중국의 방위력 증가를 보는 양국의 상이한 관점(미국의 군비증강 관점/중국의 국방현대화 관점)은 군사교류에 접근하는 양국의 입장에도 반영되어 있다.

---

30) Department of Defense, *Annual Report to Congress: The Military Power of the People's Republic of China 2005* (2005), pp.20-23. 미 국방성이 2006년 2월에 발간한 4년 주기 국방태세점검(QDR: Quadrennial Defense Review)에서도 이전과는 다르게 약 3쪽의 지면을 할애하여 장래에 "미국과 군사경쟁을 벌일 수 있는 잠재력을 갖춘 국가"로 중국을 지목하고 있다. U.S. Department of Defense, *Quadrennial Defense Review, 2006* (2006).

31) Chris Buckley, "Calling in envoy, Beijing assails Pentagon report," *New York Times* (July 21, 2005).

Ⅲ. 미중 군사교류에 대한 양국의 인식과 전략적 이해관계: 동상이몽(同床異夢)?

미중 군사교류는 천안문사태로 미국이 대 중국 무기금수조치를 단행한 이후 1993년에야 재개되었다. 국방장관을 포함한 고위급 방문은 총 8차례(미국 6차례, 중국 2차례) 있었고, 총 7차례의 국방자문회담(defense consultative talk)을 실시하였다. 2004년까지 미국 측 군사대표단이 방문한 중국 내 군사시설은 51개이며, 중국 측 군사대표단이 방문한 미국 내 군사시설은 71개에 달한다.[32]

양국의 군사교류는 전체 미중관계의 굴곡에 영향을 받았는데, 1995~1996년의 대만해협 위기, 1999년의 유고 중국대사관의 NATO군 오폭사건, 2001년 중국 연해 전투기 충돌사건 등에 의해 중단되었다. 부시 행정부는 출범 초기 대 중국관계 정립에 대한 검토를 진행하면서 군사교류부분에 대한 평가도 수행하였고, 이 정책검토를 종료하기 전까지 간헐적인 군사교육 분야의 교류만 이루어졌었다.

2002년 재개된 국방자문회담과 2005년 럼스펠드의 중국 방문은 이러한 정책검토가 종결되었음을 의미하며, 대만문제를 둘러싼 양국 간의 분쟁 가능성 문제들을 해소하기 위해서 향후 양국의 군사교류 분야의 진전과 불신을 해소하는 작업이 이루어지리라 예견된다. 그러나 양국의 상이한 인식과 전략적 이해관계의 차이는 미중 군사교류 진전의 장애물로 작용하며, '상호성'과 '투명성'은 그러한 차이를 나타내는 쟁점이라 할 수 있다.

---

32) Kevin Pollpeter, *U.S.-China Security Management: Assessing the Military-to-Military Relationship* (Santa Monica: RAND Corporation, July 2004), pp.58-64.

1. 미국의 인식과 전략적 이해관계

냉전시대 미국이 중국과의 관계를 정상화했던 동기는 소련을 견제하기 위한 전략적 삼각체제(strategic triangle)를[33] 형성하기 위해서였다. 1990년대 이후 중국의 이러한 전략적 가치는 사라졌으며, 중국과의 군사교류가 갖는 기능과 효과에 대해서 많은 논란을 야기시켰다. 결국 초점은 미중 군사교류가 미국의 국익을 실현하는가의 문제인데, 보는 관점에 따라 2가지 상반되는 견해로 정리될 수 있다.

첫째는 중국과의 군사교류가 중국 인민해방군의 현대화를 도와주게 되어 미국의 안보이익에 잠재적인 위협이 된다는 시각이다. 인민해방군과 미군의 접촉은 결국 인민해방군의 전쟁 수행능력을 향상시키고, 대만 문제와 같은 분쟁이 발생할 경우 인민해방군의 입지를 강화시킨다는 점이 강조된다. 1989년 천안문 사건은 중국군이 자국민을 억압하고 주변국의 위협이 되고 있다는 미국 내 시각이 확산되는 계기가 되었다. 천안문 사건 이후, 미국과 유럽의 대 중국 군사장비 및 기술 금수조치로 미국은 당시 진행 중이던 '피스 펄(Peace Pearl)' 프로젝트를[34] 중단하였으며, 현재

33) 전략적 삼각체제(strategic triangle)에 대해서는 Lowell Dittmer, "The Strategic Triangle: An Elementary Game-Theoretic Analysis," *World Politics,* Vol.33(1981), pp.488-515; Jonathan D. Pollack, "China and the Global Strategic Balance," in H. Harding (ed.), *China's Foreign Relations in the 1980s* (New Haven and London: Yale University Press, 1984), pp.146-176.
34) '피스 펄' 프로젝트는 1980년대 중반 체결된 것으로 중국군의 전투기, 대포장비, 코브라 레이더, 대잠수함 어뢰, 블랙호크 헬기 등의 개량과 수입과 관련 미국의 군수산업체와 체결한 약 5억 달러의 계약이다. 이 프로젝트의 중단으로 현재까지 중국은 미국의 군수산업을 국방현대화를 위한 자원으로 활용하지 못했으며, 이 점은 미중 군사교류의 현황을 상징적으로 웅변해준다(Woon 1989). 중국은 국방현대화를 위한 첨단 무기 및 장비 구입을 러시아(구소련) 등에 의존할 수밖에 없었는데 이에 관해서는 Bats Gill and Taeho Kim, *China's Arms Acquisition From*

까지 미중 양국의 군사 장비 및 기술교류가 부재하는 원인이 되었다.

한편, 미중 군사교류를 포함한 미중관계는 미국 국내정치 게임의 역학관계에 영향을 받기도 하는데, 중국과의 군사교류를 추진했던 행정부는 미 의회와 언론의 견제에 직면해야 하였다. 미국을 방문한 중국군 장성들은 그들의 전력을(예를 들면, 천안문 사건때 역할) 둘러싼 언론 비판의 대상이 되었으며, 공화당, 대만 로비스트, 보수 언론 등은 중국만이 미중 군사교류의 일방적인 수혜자라는 비판을 제기하였다.35) 1999년 콕스 리포트(Cox Report)로 알려진 미 하원의 미중 군사교류에 관한 조사보고서에도 이러한 견해가 반영되었으며, 1998~1999년부터 미 상원의회는 새로운 법률 제정으로 미국의 대외적인 양자(bilateral) 군사관계를 제한하려 했다. 그 결실인 2001~2002년 미 국가방위법(National Defense Authorization Act)은 국방성이 중국의 군사력에 관해 매년 보고서를 의회에 제출해야 하며, 중국군에 관한 연구소를 설립할 것을 명문화하였다. 이 법안은 또한 중국군의 미국 내 중요한 군사기지 방문을 제한하였고, 중국의 미사일기술 통제레짐(Missile Technology Control Regime) 가입, 미국 위성의 중국 로켓 발사, 수퍼컴퓨터의 중국 수출 및 중국의 미국 내 첩보활동 등에 관한 구체적인 제한 조건도 명시하였다. 이 법안은 결국 미 의회가 미 행정부(국방성)의 대 중국 군사교류에 관한 정보 요구와 국방성의 활동에 대한 감독 및 통제를 강화한다는 것을 의미한다.36)

미중 군사교류에 대해 비판적인 관점은 기능적인 측면에서도 제기되었다. 미중 군사교류가 양국군의 전략목표를 교환하고, 오해를 불식시키

Abroad: A Quest for 'Superb and Secret Weapons (Oxford: Oxford University Press, 1995).

35) Rowan Scarborough, "Experts Say U.S. Should Review Military Exchanges with China," *Washington Times* (May 27, 1999).

36) David Shambaugh, *Modernizing China's Military: Progress, Problems, and Prospects* (Berkeley: University of California Press, 2002), pp.347-349.

며, 억지력을 강화하고, 직업 군인들 간 상호이해를 증진시키는 장점이 있지만, 위기 발생시 아무런 역할을 하지 못했다는 평가도 제기되었다. 예를 들면, 중국 근해 EP-3 충돌 사건시, 중국 내 인민해방군과 많은 인적 교류를 해왔던 주중 미국대사 프루어(Prueher)는 그의 전화 연락에 아무런 회신을 받지 못했으며, 인적 교류가 문제해결에 도움을 주지 못했다는 점이다.37) 이 사실은 군사교류를 통해 중국의 정책결정과정에 영향력을 행사할 수 있다는 주장이 근거가 없음을 시사한다. 중국은 자국의 국가 이익에 의거하여 정책결정을 하며, 이 과정에서 국내 정치과정의 동학이 존재하기에 군사교류를 통해 중국에 영향력을 행사하는 것은 근본적으로 불가능하다는 점이 강조된다.

둘째는 미중 군사교류를 지속해야 한다는 관점이다. 중국 인민해방군의 위협은 과장된 측면이 있으며, 미중 군사교류가 중국군 현대화에 도움이 된다는 주장도 근거가 없다고 일축한다. 미국이 중국에게 제공하는 군 관련 정보는 일반적이며, 인터넷 등을 통해 이미 공개되어 있다는 것이다. 중국군은 또한 영국이나 터키 등 다른 국가들과의 군사교류를 통해서 미국군에 대한 지식과 정보를 얻을 수도 있다.38) 이 관점은 미중 군사교류를 통해 오히려 미국은 중국에게 국제적 관례를 관찰할 수 있는 기회를 제공하고, 중국군이 국제기준에 순응할 수 있도록 고무할 수 있다는 점을 강조한다. 나아가 인민해방군과의 접촉과 의사소통 채널의 확대는 중국군 장교들과의 인맥관계를 형성하고, 중국 내 정책결정과정에 영향을 줄 수 있다고 주장한다.

---

37) 그는 단지 외교부 부부장의 공식적인 채널에 의존해야 했다. 이에 대해서는 John Keefe, "A Tale of 'Two Very Stories' Redux," *Far Eastern Economic Review* (March 21, 2002).

38) Kenneth W. Allen and Eric A. McVadon, *China's Foreign Military Relations* (Washington D.C.: Henry L. Stimson Center, October 1999), p.39.

따라서 중국을 국제사회의 책임 있는 구성원으로 발전시키기 위해서 중국과의 대화는 합의를 도출하고 긴장을 완화하는 수단이므로 지속되어야 한다는 것이다. 중국은 유엔안전보장이사회의 회원국이고, 북한을 비롯한 제3세계 발전도상 국가들의 정책에 영향을 줄 수 있는 능력을 갖고 있다. 중국의 대량살상무기 확산과 관련된 행위들과 대만문제 해결을 위해서 중국에 대한 연루정책이 필요하다는 점이 강조된다. 문제는 중국과의 군사교류를 통해서 미국의 영향력을 어떻게 확보하는가인데, 이 관점은 미국은 군사교류를 통해서 중국이 군사무기의 획득, 국방회계 및 작전체계 등의 전략의도에 관해 개방적이어야 한다는 점을 설득할 수 있다고 주장한다.39) 실제로 중국은 종전의 태도를 바꾸어 군사문제에 관해 보다 투명한 접근방식을 취하기 시작하였다. 1995년 중국은 군축문제에 관한 백서를 처음으로 발간하였고, 1998년 이후 2년마다 국방백서(white paper)를 발간하기 시작하였다. 물론 이 백서들은 일본 혹은 대만의 국방백서와 비교하여 미흡하지만, '투명성' 문제와 관련하여 미국을 비롯한 국제사회의 문제제기를 수용한 첫 반응이라 할 수 있다.40)

2. 중국의 인식과 전략적 이해관계

중국은 2004년 기준으로 150여 개의 국가와 군사교류를 맺고 있다. 중국은 100개 이상의 국가에 자국의 무관부를 두고 있고, 85개의 국가가

---

39) William H. Perry, "U.S. Strategy: Engaging China, Not Contain It," remarks delivered to the Washington State China Relations Council, *Washington Post* (October 31, 1995).

40) Information Office of State Council, *China's Arms Control and Disarmament* (1995); 『中國的 國防』(1998, 2000, 2002, 2004).

중국에 무관부를 두고 있다. 2002년~2004년 기간 동안 인민해방군 고위
급 장성 대표단은 60여 국가를 방문했으며, 70여 개국으로부터 130여 개
의 해외 군사사절단을 접견하였다.[41] 중국은 해외 군사교류를 자국의 안
보이익을 추구하는 총체적인 외교정책의 일부분으로 간주하고 있다. 중
국은 미국과의 군사교류도 외교전략과 국방정책의 한 부분으로 핵심적
인 국가 안보 목표 실현을 위해 국제 안보환경을 조성하는 수단으로 이
해하고 있다.[42] 중국의 해외 군사교류의 2가지 중요한 목표는 주권을 수
호하고, 중국군 국방현대화에 기여하는 것이다. 주권문제와 관련 미중 군
사교류의 중요한 목적은 미국이 대만을 지지하지 않을 것을 설득하는 것
인데, 미중 군사교류에서 중국은 반복해서 대만은 중국의 일부임을 강조
하고, 무력사용 의사와 권리를 강조하고 있다. 미중 군사교류는 또한 중
국의 다른 군사교류와 마찬가지로 중국 인민해방군의 현대화를 위한 수
단으로 이해되고 있다. 인민해방군은 중국 내에서 외부세계로부터 가장
절연된 중국 공산당의 조직 중 하나이며, 이 구성원들은 대외관계에 관
해 매우 보수적이면서 제한된 지식을 갖고 있다. 이러한 이유로 장쩌민
(江澤民) 당 중앙군사위원회 주석은 중국군 장교들의 외국군과의 접촉을
강조하고, 중국군 현대화를 위한 지식과 정보를 획득할 것을 독려하고
있다.[43] 중국의 국방백서에 나타난 해외 군사교류의 목적은 다음과 같다.

- 핵심 국가 안보 목표를 위한 국제환경 조성
- 중국의 개혁개방 정책 추구

---

41) 『中國的 國防』(2004), 9절 군사교류 부분 참조.
42) 『中國的 國防』(2004), 1절 안보상황 참조. 중국 인민해방군이 대만문제 등 대외정
책과 관련된 역할에 관해서는 Mel Gurtov and Byong-Moo Hwang, *China's
Security: The New Roles of the Military* (Boulder: Lynne Rienner Publishers, Inc.,
1998).
43) "江澤民 會見全軍軍事留學工作會議代表," 『新華』 2002年2月23日.

- 중국 군수산업 현대화 향상
- 외국과의 정치적·군사적 관계 개선
- 군 지도자 및 젊은 장교들의 독트린, 작전, 교육, 군의학, 행정 등의 현대 군사지식 습득
- 개발도상국에 군사원조 제공
- 군내부에 전문 기술관료 육성
- 해외 군사원조를 통한 군수산업 기술 연구 및 개발 프로그램 획득

중국은 개혁개방을 추진하고 지속적인 경제발전을 성취하기 위해서 미국과 외교 및 군사 마찰을 피해야 하는 과제를 안고 있다. 미국이 대만의 군사력의 핵심을 구성하는 군사기술과 장비를 제공하고 있다는 사실과 일본 및 한국 등에 미군의 아시아 주둔은 중국에게 미군의 군사전략에 대한 관심을 갖게 하는 요인이다. 중국군에게 미군과의 교류는 중국군 현대화를 위한 많은 잠재적 자원을 제공하기에 중요한 가치를 지니고 있다. 그러나 앞서 설명한 바와 같이 '피스 펄 프로젝트'의 중단과 미의회의 개입은 미중 군사교류가 중국군 현대화에 제한적이었음을 의미한다. 중국 내 전문가는 무기금수조치가 중단되지 않았기에 미중관계 특히 미중 군사관계는 비정상적인 단계에 있다고 강조한다.[44] 그럼에도 불구하고 중국은 미국과의 군사교류를 통해서 첫째, 국방현대화의 준거틀(benchmarks)을 제공받고, 둘째, 미군의 작전 수행방식에 관한 정보를 수집하며, 셋째, 중국군을 미군에 접촉시킴으로써 중국군 현대화 추진과정에서 발생하는 군내부 저항을 완화할 수 있었다.[45]

---

44) 중국의 관련 문헌은 이 점에 대해 불만을 토로한다. 沈丁力, "中美 兩軍關係的發展 及 兩國關係的本質," 謝希德 倪世雄 編, 『曲折的歷程 – 中美關係20年』(上海: 復但大學出版社, 1998).

45) David M. Finkelstein and John Unangst, *Engaging DoD: Chinese Perspectives on Military Relations with the United States* (Alexandria, VA: Center for Naval Analyses Corporation, October 1999), p.30.

그러나 미중 군사교류에 대한 중국의 접근방식은 근본적으로 미국의 접근방식과는 차이가 있다. 미국은 실무차원의 교류활동이 상호이해와 신뢰를 구축하여 전략적인 수준으로 발전하는 접근방식을 취한다. 반면, 중국은 상호간 전략적 수준의 대화가 상호 이해를 증진하고, 일반적인 원칙에 관한 합의를 도출할 수 있다고 생각한다. 따라서 중국은 고위 장성급 회담이나 국방부 혹은 국방대학 등 대응하는 조직 간의 상호교류를 중시한다. 1997년과 1998년 인도주의적 원조/재난 구조와 군사해상자문 협정이 이루어진 맥락은 중국군이 상호 신뢰과정을 중시해서가 아니라 미중관계 전체를 고려한 정치적인 계산이 작용했기 때문이다.[46] 중국 공산당 지도부의 정치적 고려가 미중 군사교류의 진전을 이루는 요인이라는 점은 역설적으로 인민해방군 내에 미국과의 군사협력에 대한 불신이 엄존한다는 사실을 반영하고 있다. 중국군은 미국이 군사교류를 통해 억지력을 유지하고, 군사정보를 수집하며 영향력을 행사하려 한다는 경계심을 갖고 있다. 2005년 방문한 럼스펠드의 핫라인 설치에 대한 중국의 거부도 이러한 사실을 입증해준다. 중국군의 미국의 의도에 대한 경계심은 특히 미국이 군사교류를 통해 중국의 정치체제에 대한 군내부의 생각과 사고에 영향을 주려 한다는 점이다.

3. 미중 군사교류의 쟁점: 상호성과 투명성

현재, 미중 군사교류와 관련된 양국의 상호간 인식 차이를 나타내는 가장 중요한 쟁점은 '상호성(reciprocity)'과 '투명성(transparency)'의 문제이다. '상호성'의 문제는 양국의 군사 교류가 공평하게 서로에 상응하는 조

---

46) Finkelstein and Unangst(1999), p.19,

치로 이루어지는가의 문제이다. 부시 행정부는 이 문제를 거론하기 시작
하였는데, 2002년 미 국방성의 보고서는 "1980년대 이후 미국의 군사교류
대표단은 전시 목적의 중국 내 군사기관 방문만 허용되었으며, 이와 대
조적으로 중국대표단은 수많은 미국 군사시설에의 접근이 허용되었다"
고 지적하고 있다.[47] '투명성'은 럼스펠드가 중국 방문에서도 언급하였
듯이, 중국 인민해방군에 대한 정보가 공개적이지 않다는 이유로 미국이
제기하고 있는 문제이다. 미국은 투명성 문제를 신뢰구축을 위한 중요한
요소로 간주하고 있는 반면, 중국은 약자에 대한 강자의 논리라고 비판
하여 왔다. 중국은 중국군 내 일부 기관들이 자신들의 후진성을 노출하
기를 회피하며, 때로는 재원의 부족으로 투명성을 나타내는 활동을 하기
어렵다고 주장한다.

그러나 투명성을 위한 가장 커다란 제약은 상이한 세계관, 전략, 행동
양식 등이 빚어내는 상호 이해의 부족에서 찾을 수 있다. 중국은 미국이
자국을 잠재적인 적국으로 다루고 있다고 인식하기 때문에 자국의 군사
능력을 미국에 노출하기를 원하지 않는다. 중국의 관점에서 미국은 힘의
여유에 따라 강력한 군사력을 노출할 수 있고, 군사교류를 활용하여 미
국의 국익에 부정적인 영향을 주는 중국의 행동을 억지할 수 있는 효과
를 얻을 수 있다. 미 국방성은 투명성 논란에도 불구하고 중국과 군사교
류를 지속하는 것이 중국 인민해방군의 현대화 노력에 대한 정보를 얻는
최선의 방법이며, 다각적인 수준에서 교류와 대화채널을 확보하는 것이
중요하다는 인식을 갖고 있다. 군 고위 장성급의 전략대화, 실무급의 전
략, 독트린 및 전쟁수행능력에 대한 토의를 통해 중국군의 국방현대화를
파악할 수 있다는 것이다.[48]

---

47) U.S. Department of Defense, *Annual Report to Congress: The Military Power of the People's Republic of China 2002* (July 12, 2002), p.1.

48) Kenneth W. Allen, "U.S.-China Military Relations Not a One-Way Street," *Stimson*

미중 군사교류의 상호성과 투명성을 제약하는 가장 근본적인 요인은 상충하는 양국의 전략적 의도에 있다. 미국은 중국의 부상을 경계하면서 경제력과 군사력이 미국의 국익에 미치는 영향을 우려하고 있다. 오판에 의한 중국과의 군사적 갈등이 발발하는 것을 관리하면서 동시에 중국을 억지하기 위하여 중국군에 군사력을 공개해야 하는 전략적 이해관계가 상존한다. 반면에 중국은 대만문제 및 대중국 봉쇄정책 등에 관한 미국의 전략적 의도에 의혹을 갖고 있으며, 중국군의 투명성 공개는 미국을 돕는 것이라고 생각하고 있다. 미국은 낮은 수준의 접촉을 통해 신뢰를 구축하고, 공동이익을 추구하는 아래로부터의 군사교류 접근방식(bottom-up approach)을 선호한다. 미국은 군사교류를 통하여 중국군의 전쟁수행 능력을 파악하고 군사투명도를 높이며, 양국의 오해와 불신을 제거하는 방향으로 접근하고자 한다. 중국은 반대로 위로부터의 접근방식(top-down approach)을 선호한다. 고위급 군사지도자들의 안보대화를 통해서 전략적인 의견을 교환하며, 미국과의 군사교류(교육포함) 확대를 통해 선진적인 군사정보와 기술을 획득하려 하고 있다.

이러한 상반된 이해관계는 양국의 군사교류를 통한 수혜자는 누구인가라는 질문을 제기한다. 우선 중국이 미국의 군사교류를 통해 어떠한 혜택을 얻는가라는 질문은 상당 부분 추측에 기인할 수밖에 없다. 미국의 군사전략과 독트린은 인터넷 등과 같은 공개된 자료를 통해서 얻을 수 있는 것이지만, 선진적인 미국의 군사운용체계 등은 중국군의 국방개혁과 관련되어 유용했음을 중국 측 자료를 통해서 확인할 수 있다.[49] 이와는 반대로 미국 내에서는 중국군의 비밀주의와 기만 등을 이유로 중국과의 군사교류를 통해서 얻을 것이 없다는 주장도 제기되어 왔다. 미국

Center News Advisory (December 13, 1999).

49) 미중 군사교류를 중국이 국방개혁에 두드러지게 활용한 사례는 병참(logistics)분야이다. 이에 대해서는 Pollpeter(2004), pp.44-45.

의 개방주의와 중국의 비밀주의는 중국에게만 유리하게 작용할 수 있는데, 예를 들어 중국군 장교의 미국 핵잠수함 시설이나 합동 전쟁수행 시설 방문은 미군의 기술과 전략에 대응하는 중국군의 전력을 개발시켜 대만문제 등에 사용될 수 있다는 것이다. 그러나, 중국 내 군사시설에 대한 현지 방문 등을 통해 얻을 수 있는 정보도 존재한다는 주장도 설득력이 있어 보인다.

양국의 상이한 인식 차이에도 불구하고 상호성과 투명성의 문제는 미국 측에서 지속적으로 중국에게 요구할 것으로 보인다. 미국에게 이 문제는 중국과의 군사교류가 신뢰구축 조치 단계를 거쳐 양국의 갈등을 관리하는 위기관리 수준으로 제도화되기까지 중국에 대한 신뢰성을 판단하는 중요한 척도가 될 것이다.

IV. 미중 군사교류 발전의 전략적 요인과 전망

향후 미중 군사교류 관계의 발전을 조건짓는 전략적 요인을 고려하면 다음과 같다.

첫째, 미중 군사교류는 지난 20여 년처럼 전체적인 미중관계의 협력과 갈등의 파동에 영향을 받을 것이다. 미국과 중국은 국제정치 경제 및 안보영역에서 공유되고 중첩되는 이해관계가 점차 증가하고 있다. 양국은 이러한 이해관계를 바탕으로 해서 사안에 따라 협력과 갈등의 국면을 반복할 것으로 예측된다. 미국은 QDR(Qudrennial Defense Review)의 보고서가 지적한 대로 중국의 군사력 증강을 계속해서 주목하고 있고, 대만과의 군사력 균형뿐만 아니라 동북아 지역 내 세력균형에 파열을 내는 점을 우려하고 있다. 반면, 중국은 미국의 대 중국 봉쇄정책에 경계심을 갖고 있으며, 국방현대화에 대한 미국의 견제를 자국의 방위력 문제에 대한 주권 간섭으로 간주하고 있다. 미중 양국은 계속해서 안보전략 차원에서 군사교류 문제에 접근할 것인데, 획기적인 양국의 군사교류 발전은 당분간 이루어지지는 않을 것이다.

둘째, 미국의 대 테러와의 전쟁은 양국의 군사교류 발전에 영향을 줄 것이다. 부시 행정부가 출범 초기에 중국을 '전략적 경쟁자'로 규정했던 사실은 테러와의 전쟁이 성공적으로 종료되면 미중 관계가 악화될 수도 있다는 점을 시사한다. 중국은 미국의 대 테러전쟁 국면에서 파키스탄의 협력을 이끌어내는 등 적극적으로 미국에 협력하였다. 물론 중국의 이러한 계산된 행동은 신장 지역에 있는 이슬람 분리주의자들을 견제하고, 미국의 지원을 차단하기 위한 목적도 포함되었다.[50] 중국은 테러와의 전쟁을 계기로 강화된 미국의 중앙아시아 국가들과의 관계를 우려하고 있으며, 테러와의 전쟁 후 다음 대상은 중국이 되는 것을 경계하고 있다.[51]

셋째, 미중 군사교류의 발전에 가장 중요한 조건을 형성했고, 미래에도 결정적인 구속력을 갖는 요인은 대만문제이다. 중국은 대만문제를 자국의 주권문제로 간주하고, 무력사용의 의지를 표명해 왔다. 대만의 계속된 통일 거부를 중국은 무기수출을 포함한 미국의 대만 지원의 결과로 간주하고 있다. 반면, 미국은 공식적으로 대만 독립을 지지하지 않았지만, 반대하는 의사도 명시적으로 표현하지 않았다. 미국은 원칙적으로 대만문제의 평화적 해결을 강조하면서 중국의 무력사용에 강력히 대응할 것을 천명하고 있다.[52] 한 중국 전문가의 지적대로 대만문제는 중국에게

---

50) Daivd M. Lampton and Richard Daniel Ewing, *U.S.-China Relations in a Post-September 11th World* (Washington D.C.: The Nixon Center, 2002), p.62.

51) Andrew Higgins and Charles Hutzler, "Chinese Goals Take a Backseat As U.S. Rises to the Fore in Asia," *Wall Street Journal* (October 19, 2001).

52) "Bush Vows 'To Do Whatever It Takes' To Defend Taiwan," *CNN.com* (April 25, 2001).

미중 양국의 군사교류를 제약하는 주요한 요인이었다.[53] 그러나, 대만문제는 역설적으로 미중 군사교류의 필요성을 제공하는 요인이기도 하다. 왜냐하면 대만문제는 양국의 군사적인 충돌을 가져올 수 있는 요인이기에, 군사적 교류를 통한 신뢰회복과 위기관리의 제도화에 대한 필요성에 미중 양국은 점차 공감하고 있다.

미중 군사교류에 대한 양국 내의 논란에도 불구하고 양국의 군사교류는 다음과 같은 점에서 공동의 이해관계를 갖고 있다. 첫째, 미중 양국은 상대방의 군사시설 방문 등을 통하여 상호이해를 증진할 수 있다. 특히 미국 측 입장에서 군사교류는 중국의 군사투명성을 제고할 수 있는 수단이다. 둘째, 미중 고위급 군사지도자들의 전략대화를 통해 양국의 신뢰를 구축하고, 대만문제 등과 관련된 군사작전에 대한 오판의 가능성과 돌발적인 사고를 예방할 수 있다. 셋째, 전략대화를 정례화함으로써 분쟁이 발생했을때 의사소통 채널을 가동할 수 있다. 특히 2001년의 충돌사고시 중국의 일방적 대화단절을 타개할 미국 국방성 내 중국통 채널의 부재를 아쉬워했다는 후문은 양국 간 고위급 장성 간의 인적채널은 분쟁을 관리하는 중요한 수단이 될 수 있음을 시사한다. 넷째, 미국은 군사교류를 통하여 중국 국내정치상황 혹은 정책결정과정을 관측할 수 있으며, 중국은 미국의 선진적인 군사시설 및 국방정보를 자국의 국방현대화와 관련된 군사개혁에 중요한 자원으로 활용할 수 있다. 다섯째, 미중 군사교류는 아시아 태평양지역에서 미국의 주도로 이루어지고 있는 다자간 군사활동에 중국의 참여를 확대할 수 있는 계기로 작용할 수 있다.

미중 군사교류는 전체 미중관계의 변화에 영향을 받으면서 전개되어 왔다. 공동의 적인 소련을 견제하기 위해 안보 전략적 측면에서 시작된 양국의 군사교류는 탈냉전 이후 서로의 전략적 가치를 재평가하는 과정

---

53) 夏立平, "中美安全合作與軍事交流," 『國際問題論壇』 1998年 第3期.

에서 부침을 거듭했다. 양국의 상이한 인식과 전략적 이해관계의 차이는 군사교류 분야의 진전을 제약하는 요인으로 작용하여 왔지만, 미중 군사교류가 양국의 안보이익을 침해했다는 반증을 찾기는 어렵다. 오히려 양국은 군사교류를 통해서 상호간의 차이점을 더욱 분명하게 인식하게 되었으며, 위기상황에 대응하는 상호간의 접근방식을 학습하였다. 대만문제는 양국의 군사교류를 제약하는 또 다른 요인이었지만, 역설적으로 군사교류에 전략적인 동기부여를 제공하는 요인으로 작용하였다. 럼스펠드의 중국 방문은 부시 행정부 출범 이후 진행되었던 대중관계 혹은 군사교류에 관한 재평가가 종료되고, 군사교류를 활성화하려는 움직임으로 해석된다.

그러나 미국의 대중국 봉쇄정책에 관한 중국의 의혹을 완화하는 과정이 선행될 때, 미국은 중국에 기대하는 군사교류의 상호성과 투명성을 확보할 수 있으리라 판단된다. 미국과 중국은 지구적인 사안 혹은 지역적인 문제에서 전략적인 경쟁과 협력이 반복되리라 예상되는데, 군사교류는 안보 문제에서 양국의 불신을 해소하고 공통의 이해관계를 추출하는 중요한 채널이 될 수 있다.

향후 미중 군사교류는 안보협력(security cooperation) 부문에 직접적인 초점을 맞추기보다 갈등의 가능성과 오판을 줄이는 안보대화 및 정보획득 등을 통한 안보관리(security management)에 주안점을 둘 것으로 예견된다. 미중 군사교류의 확대는 정보수집(information gathering), 갈등회피(conflict-avoidance), 위기관리(crisis-management) 등을 통해 양국의 신뢰구축과 군사투명성을 제고하는 방향으로 전개될 것이다. 또한, 장기적으로 양국의 전략적 이해관계가 공유하는 대테러 전쟁, 대량살상무기 확산 등과 같은 지구적 문제에 공동보조를 취하게 하는 기반으로 작용하고, 전략적 이해관계가 상충되는 대만문제가 극단적인 분쟁으로 확산되는 것을 방지할 수 있게 되기를 기대한다. 한국의 입장에서 미중 군사교류의 진전은 한반도 및 동북아 안보정세를 위해서 바람직한 방향이라 할 수 있다.

더욱이 지난 2005년 8월에 사상 최초로 실시된 중러 군사합동훈련의 경우처럼, 중러의 전략적 유대가 강화되는 추세에서 미중 간의 군사교류를 통한 신뢰구축은 중러연대 대 미일동맹 구조의 재현을 억제하는 요인으로 작용할 수 있다. 한국은 첫째로 양국의 군사교류가 진전되는 상황을 모니터링하고, 둘째로 양국의 군사교류가 한미동맹 혹은 한국의 안보상황에 미칠 수 있는 영향을 점검해야 하며, 셋째로 미중 군사교류의 진전과 함께 한중 군사교류를 조심스럽게 확대할 필요가 있다.

지난 10여 년간 한중관계의 발전은 경제 무역관계에 집중되어 있는데, 이것은 중국의 대 북한관계에 대한 고려 때문이었다. 미중 군사교류의 발전과 병행하여, 한중 군사교류의 수위와 범위를 확대하는 정책으로의 전환이 필요한 시점이다.

[참고문헌]

차창훈. "거버넌스와 중국의 지역안보 전략 논의: 다자주의와 '新安全槪念'을 중심으로." 이제민·차창훈(공편).『동아시아의 거버넌스: 지역, 국가, 지방에 대한 다층적 접근』. 서울: 도서출판 오름, 2004.

"江澤民 會見全軍軍事留學工作會議代表."『新華』2004年2月23日.

沈丁力. "中美 兩軍關係的發展及 兩國關係的本質." 謝希德 倪世雄 編.『曲折的歷程 - 中美關係20年』. 上海: 復但大學出版社, 1998.

閻學通. "和平堀起與保障和平."『國際問題研究』. 2004年 第3期.

任曉. "六方會談與東北亞多邊安全機制的可能性."『國際問題研究』. 2005年 第1期.

『中國的 國防』. 1998, 2000, 2002, 2004.

夏立平. "中美安全合作與軍事交流."『國際問題論壇』. 1998年 第3期.

Allen, Kenneth W. "U.S.-China Military Relations Not a One-Way Street." *Stimson Center News Advisory.* December 13, 1999.

Allen, Kenneth W., and Eric A. McVadon. *China's Foreign Military Relations.* Washington D.C.: Henry L. Stimson Center, October 1999.

Buckley, Chris. "Calling in envoy, Beijing assails Pentagon report." *New York Times,* July 21, 2005.

Burns, Robert. "China Nuclear Assurance to Rumsfeld." *Associated Press,* October 20, 2005.

"Bush Vows 'To Do Whatever It Takes' To Defend Taiwan." *CNN.com,* April 25, 2001.

Brzezinski, Zbigniew. *Power and Principle: Memoirs of the National Security Adviser 1977-1981.* New York: Farrar, Straus, Giroux, 1983.

Dittmer, Lowell. "The Strategic Triangle: An Elementary Game-Theoretic Analysis." *World Politics,* 33(1981).

Finkelstein, David M., and John Unangst. *Engaging DoD: Chinese Perspectives on Military Relations with the United States.* Alexandria, VA: Center for Naval Analyses

Corporation, October 1999.

Friedberg, Aaron L. "The Future of U.S.-China Relations: Is Conflict Inevitable?" *International Security,* 30-2(Fall 2005).

Frieman, Wendy. "China's Military R & D System: Reform and Reorientation." In Denis Fred Simon and Merle Goldman (eds.). *Science and Technology in Post-Mao China.* Harvard: Harvard University Press, 1989.

Gertz, Bill. "General Postpones Trip to China." *Washington Times.* March 22, 1999.

_____. "Military Exchanges with Beijing Raises Security Concerns." *Washington Times.* February 19, 1999.

_____. *The China Threat: How the People's Republic Targets America.* Washington D.C.: Regnery Publishing Inc., 2000.

Gill, Bates, and Taeho Kim. *China's Arms Acquisition From Abroad: A Quest for 'Superb and Secret Weapons.'* Oxford: Oxford University Press, 1995.

Gurtov, Mel, and Byong-Moo Hwang. *China's Security: The New Roles of the Military.* Boulder: Lynne Rienner Publishers, Inc., 1998.

Harding, Harry. *A Fragile Relationship: The United States and China since 1972.* Washington D.C.: Brookings Institution Press, 1992.

Higgins, Andrew, and Charles Hutzler. "Chinese Goals Take a Backseat As U.S. Rises to the Fore in Asia." *Wall Street Journal.* October 19, 2001.

Information Office of State Council. *China's Arms Control and Disarmament.* Beijing: State Council, 1995.

Kahn, Joseph. "Chinese general threatens use of A-bombs if US intrudes." *New York Times.* July 15, 2005.

Keefe, John. "A Tale of 'Two Very Stories' Redux." *Far Eastern Economic Review.* March 21, 2002.

Lampton, David M. *Same Bed, Different Dreams: Managing U.S.-China Relations 1989-2000.* Berkeley, California: University of California Press, 2001.

Lampton, Daivd M., and Richard Daniel Ewing. *U.S.-China Relations in a Post-September 11th World.* Washington D.C.: The Nixon Center, 2002.

Lewis, John W. Hua Di, and Xue Litai. "Beijing's Defense Establishment: Solving the Arms-Export Dilemma." *International Security,* 15-4(Spring 1991).

MaCavoy, Audrey. "Pacific Commander aims to expand contacts with China." *Associated Press.* October 24, 2005.

Medeiros, Evan S., and M. Taylor Fravel. "China's New Diplomacy." *Foreign Affairs.* 82-6 (Nov/Dec 2003).

Pan, Philip P. "In China, Rumsfeld urges greater global role, freedom and military candor." *Washington Post.* October 19, 2005.

Perry, William H. "U.S. Strategy: Engaging China, Not Contain It." Remarks delivered to the Washington State China Relations Council. *Washington Post.* October 31, 1995.

Pollack, Jonathan D. "China and the Global Strategic Balance." In H. Harding (ed.). *China's Foreign Relations in the 1980s.* New Haven and London: Yale University Press, 1984.

_____. *The Lessons of Coalition Politics: Sino-American Security Relations.* Santa Monica: RAND Corporation, 1984.

Pollpeter, Kevin. *U.S.-China Security Management: Assessing the Military-to-Military Relationship.* Santa Monica: RAND Corporation, July 2004.

"Rumsfeld: China's military buildup a threat." *Associated Press.* June 4, 2005.

"Rumsfeld tells China its military buildup worries neighbors." *New York Times.* October 21, 2005.

Scarborough, Rowan. "Experts Say U.S. Should Review Military Exchanges with China." *Washington Times.* May 27, 1999.

Sebastopulo, Demetri. "Rumsfeld worried by China military expansion." *Financial Times.* October 19, 2005.

Secretary of Defense William Perry, Memorandum for the Secretaries of the Army, Navy, and Air Force Concerning the U.S.-China Military Relationship, July 1994. http://www.gwu.edu/~nsaarchiv/NSAEBB/NSAEBB19/12-01.htm (검색일: 2006.3.20).

Shambaugh, David. *Modernizing China's Military: Progress, Problems, and Prospects.* Berkeley: University of California Press, 2002.

Shambaugh, David. "Sino-American Relations since September 11: Can the New Stability Last?" *Current History.* September 2002.

_____. "Sino-American Strategic Relations: From Partners To Competitors." *Survival,* 42-1(Spring 2000).

Suettinger, Robert L. "The Rise and Descent of Peaceful Rise." *China Leadership Monitor,* No.12(Fall 2004).

U.S. Department of Defense. *News Articles.* October 19, 2005.

_____. *Quadrennial Defense Review, 2006.* 2006.

_____. *News Articles.* January 20, 1998.

_____. *Annual Report to Congress: The Military Power of the People's Republic of China 2002.* 2002.

_____. *Annual Report to Congress: The Military Power of the People's Republic of China 2005.* 2005.

White House. "Fact Sheet: Accomplishments of U.S.-China Summit." October 29, 1997.

Yoon, Eden Y. "Chinese Arms Sales and U.S.-China Military Relations." *Asian Survey,* 29-6 (June 1989).

Zheng, Bijian. *China's Peaceful Rise: Speeches of Zheng Bijian.* Washington D.C.: Brookings Institution Press, 2005.

제4장

중국의 경제적 부상과 동아시아 지역주의[*]

김진영

I. 문제의 제기

이 글은 중국의 경제적 부상을 동아시아 지역주의(East Asian Regionalism)의 관점에서 어떻게 평가할 것인지 고찰해보는 것을 목적으로 한다. 중국의 경제적 성장에 관한 수많은 연구들이 있고 중국의 동아시아 외교에 관한 많은 연구들이 있지만, 중국의 경제적 부상의 의미를 동아시아 지역주의의 관점에서 분석한 연구는 그다지 흔치 않다.

동아시아 지역주의이라 함은 동아시아의 경제적 협력의 심화와 그를 통해 궁극적으로는 동아시아공동체(East Asian Community)의 형성을 지향하는 움직임으로 이해하면 될 것이다. 근래 정치경제학 연구에서 '통합

---

[*] 이 글은 『세계지역연구논총』 26집 3호(2008)에 게재되었던 내용을 일부 수정·보완하였다.

(integration)'에 더하여 '지역주의'가 광범위하게 사용되는 경향이다. 양자
적(bilateral) FTA에서부터 NAFTA, MERCOSUR 같은 자유무역지대뿐 아니
라 가장 진보된 EU와 같은 정치경제적 공동체에 이르기까지 '지역주의'
의 주제하에 다루어지고 있다.[1] '통합'이 갖는 단선적이고 목적론적인 함
의보다 좀 더 자유롭고 편안한 입장에서 다양한 수준의 지역 내 국가 간
협력의 양상을 지역주의란 개념으로 지칭하기 때문인 듯하다.

　동아시아공동체는 명확한 실체에 대한 합의가 있거나 가까운 장래에
완성될 수 있는 것은 아니다. 그러나 그를 향한 움직임은 1997~98년의
외환위기를 계기로 결집하게 된 ASEAN+3(한국, 중국, 일본)로부터 시작되
었으며, ASEAN+3가 채택한 '동아시아 비전그룹'의 보고서(2001)에서 목
표로 제시되었다. 근래 동아시아공동체라는 용어가 자주 사용되지만 동아
시아공동체가 어느 정도의 통합을 의미하는 것인지에 대해서는 한·중·
일 학자들 간에도 합의된 바 없다.[2] 현재 합의된 정의가 없다고 하여도
동아시아공동체는 함께 만들어 가는 지역협력의 지향점으로서 의미를
가지는 것으로 이해하면 무리가 없을 것이다.

　이 글은 ASEAN+3를 견인차로 하여 진전되는 동아시아 지역주의의 관
점에서 중국의 경제적 부상이 어떤 영향을 미칠 것인가에 대해 고찰하는

---

1) John Ravenhill, "Regionalism," in J. Ravenhill (ed.), *Global Political Economy,* 2nd
　edition (Oxford: Oxford University Press, 2008), pp.172-209 참고.
2) 특히 일본에서는 2004년 창설된 동아시아공동체평의회(Council on East Asian
　Community)를 중심으로 동아시아공동체에 관한 연구가 활발히 이루어지고 있다.
　의장인 이토오 겐이치(伊藤憲一)를 비롯하여 12명의 싱크탱크 멤버, 다나카 아키
　히코(田中明彦), 아마코 사토시(天児慧), 후카가와 유키코(深川由起子) 등의 학자들
　을 포함한 107명의 교수 및 의원, 그리고 13명의 기업인이 멤버이며, 동아시아공
　동체에 관한 여러 논의를 활발히 전개하고 있다. 홈페이지 http://www.ceac.jp/
　index.html 참고; 동아시아공동체에 관한 일본과 중국의 논의에 관해서는 다음을
　참고. 이한우, "동아시아공동체에 대한 일본과 중국의 시각과 이해: 민간의 논의
　를 중심으로,"『동남아시아연구』17권 2호(2007), pp.65-100.

데 초점을 맞춘다. 개혁개방 이후 중국 경제의 지속적인 고속성장은 동아시아 경제권의 활력을 촉진하고 동아시아의 세계 경제에서의 비중을 증대시키는 데 핵심적 역할을 해왔다. 1997~98년의 동아시아 외환위기 때에도 중국은 외부의 우려에도 불구하고 인민폐 평가절하를 단행하지 않기로 함으로써, 위기에 빠진 동아시아 경제를 더욱더 심연으로 밀어넣는 무책임한 행동은 하지 않았다. 그리고 위기에 빠진 태국과 인도네시아를 지원하였다. 뿐만 아니라 '세계의 공장'으로 등장한 중국은 동아시아 이웃국가들과 수출입과 중간재 무역의 확대 등을 통해 동아시아가 경제위기에서 회복되는 데 기여하였고 지역 내 경제의 상호의존도를 높였다. 이와 같은 역할은 동아시아 지역주의의 진전을 위해 중요한 경제적 기반을 제공한다.

중국은 외환위기 이후 동아시아 지역주의를 향한 움직임에 적극적이고 주도적인 태도를 보이기 시작하였다. ASEAN+3(한국, 중국, 일본)를 중심으로 형성된 치앙마이 이니셔티브(Chiang Mai Initiative)에 적극적으로 참여해 왔고 주변국가와의 FTA에 적극적 관심을 보이고 있다. 특히 ASEAN 과는 조기자유화 조치(early harvest program)까지 제안하며 FTA 체결을 능동적으로 추진하였고 한국과의 FTA도 제안하였다.

동아시아에서 중국의 무게는 경제영역에서 가장 현저하게 나타났지만 이와 함께 정치외교 분야에서의 비중도 증가하고 있다. 최근 동아시아 외교에서 중국의 적극적인 행보는 한반도의 6자회담 주선, 일본 후쿠다 정권과의 친선외교 등에서도 나타난다. 동아시아는 중국을 비롯한 미국, 소련, 일본 등 세계의 주요 강대국들의 이해관계가 밀집되어 있는 곳이며, 중국은 스스로 동아시아 지역에서 주도세력이 되지 못하면 세계무대에서도 큰 목소리를 낼 수 없다는 인식을 가졌다.[3] 동아시아 지역주의에

---

3) Zhang Yunling and Tang Shiping, "China's Regional Strategy," in David Shambaugh

미치는 중국의 경제적·정치적 영향을 평가하는 것은 향후 동아시아 지역주의의 행로를 전망하는데 중요한 요소임에 틀림없다.

중국경제는 동아시아 성장의 견인차이며 최대 소비시장으로 일본을 제치고 동아시아의 리더적 위치를 차지하게 될 것이라는 전망이다. 동아시아 지역주의의 리더십에 관해서 종래에는 '안행모델(雁行모델; Flying Geese Model)' 이나 '엔블록' 논의 등에서 나타났듯이 일본 중심의 논의가 주도적이었으나 이제 중국에 대한 관심이 더욱 고개를 들고 있다. 중국의 자본시장 통제가 완화되면 머잖아 인민폐가 아시아의 중심통화가 될 가능성을 내다보는 학자도 있다.4)

안행모델은 일본을 대장 기러기로 하여 동아시아 국가들이 동아시아 NIEs, 아세안 4, 중국 등 경제발전 순으로 도열하여 'V'자 모양을 이루며 기러기편대의 형상으로 날아가고 있다고 보는 것이다.5) 많은 논자들에게 회자되었던 안행모델은 더 이상 동아시아 지역경제발전을 설명하기에 적합한 모델로 보기 어려운데 중국의 경제적 부상이 그 설명력을 취약하게 하는 요인 중의 하나이다.6) 중국은 안행의 후미에서 선행국가들의 사양산업에 특화한 개도국이 아니며 안행의 앞뒤를 넘나들며 첨단에서 노동집약산업까지 아우르고 있다. 그리고 그 방대한 경제의 규모로

(ed.), *Power Shift: China and Asia's New Dynamics* (Berkeley: University of California Press, 2005) pp.51-52.

4) Nouriel Roubini, "The Decline of the American Empire," in *Nouriel Roubini's Global EconoMonitor,* Aug. 13, 2008. http://www.rgemonitor.com/roubini-monitor/253323 (검색일: 2008년 10.1).

5) Bernard Mitchell and John Ravenhill, "Beyond Product Cycles and Flying Geese: Regionalization, Hierarchy, and the Industrialization of East Asia," *World Politics* 47 (1995); 尹春志, "東アジア地域生産の展開" 座間紘一、藤原貞雄(공편), 『東アジアの生産ネットワーク』(ミネルヴァ書房, 2003), pp.3-35.

6) 김진영, "동아시아 국제분업과 지역주의에의 함의," 『한국정치외교사논총』 29집 1호(2007a), pp.75-101.

일본의 지위까지 위협하며 부상하고 있다.

이러한 것을 배경으로 하여 이 글이 연구의 목적으로 하는 것은 다음과 같다.

첫째, 경제적으로 부상한 중국이 동아시아 지역주의에서 어떤 세력이 될 것인가를 고찰해보기로 한다. 경제적으로 부상한 중국이 국제정치적으로 어떤 존재가 될 것인가에 대해서, 특히 중국이 미국에 도전하는 새로운 패권국을 추구하지 않을까에 대한 논의가 수없이 있어왔고, 많은 학자들이 '중국위협론'과 '온화한 강대국론'의 상반된 입장에서 논란을 벌여왔다.[7] 이 글은 동아시아에 초점을 맞추어 동아시아 지역주의에서 중국의 영향에 대해 고찰해 보려고 한다. 그리고 경제적 상호의존에 주목하여 중국과 동아시아 지역주의의 관계를 논해보려 한다. 중국의 동아시아 외교에 대한 연구는 무수히 많이 있지만, 경제적 상호의존에 주목하여 중국과 지역주의의 관계를 논한 연구는 찾아보기 어렵다.

경제적 상호의존은 국가 간 평화를 유지하는 데 기여한다는 것은 자유주의의 오래된 명제이다.[8] 중국위협론과 대조적 입장에 있는 중국 연구자 중에는 이 명제를 중국에 적용시켜 중국의 경제적 대외의존이 중국의 외교적 모험주의나 현상타파(revisionist) 전략을 선택하는 것을 제약할 것이라 주장하는 논자들이 있다.[9] 이 글은 이들의 주장에 동의하며 동아시

---

7) 이에 관해서는 아래의 글들을 참고.
   Denny Roy, "The "China Threat" Issue," *Asian Survey,* vol.36, no.8(1996), pp.758-771; Alastair Iain Johnston, "Is China a Status Quo Power?" *International Security,* vol.27, no.4(2003), pp.5-56; 정재호 편, 『중국의 강대국화』(서울: 길, 2006).

8) Michael Doyle, "Kant, Liberal Legacies, and Foreign Affairs," *Philosophy & Public Affairs,* vol.12, no.3-4(1983), pp.205-353.

9) 이 글에서 참고로 하고 있는 논자는 M. Chambers와 D. Copeland이다. Michael R. Chambers, "Rising China: The Search for Power and Plenty," in Ashley J. Tellis & Michael Wills (eds.), *Strategic Asia 2006-2007: Trade, Interdependence and Security* (Washington D.C.: NBR, 2006), pp.65-103; Dale Copeland, "Economic Interdependence

아 지역 국가들과 중국경제의 상호의존성 증대가 지역국가들과의 협력적 관계를 증진시키며 안정과 평화를 유지하는 데 기여한다고 주장한다.

둘째, 이에서 더 나아가 중국의 동아시아 지역주의 전략에 영향을 미치는 것은 중국의 경제적 부상이라는 경제적 변수도 있지만 정치적 변수도 있다. 중국경제의 동아시아와의 상호의존성 증대와 지역국가들과의 협력적 관계의 증진이 지역주의의 진전에 긍정적 기반을 조성할 것이다. 그러나 경제적 상호의존의 증가만이 동아시아 지역주의의 진전을 추동하는 변수는 아니다. 동아시아의 정치적 조건을 고려할 때 동아시아 통합과 동아시아공동체의 제도적 진전을 위해서는 여러 장애물들이 남아 있다. 특히 이 글에서는 동아시아 지역주의 문제에서 미국과 일본과의 관계가 중국의 정책에 영향을 주는 정치적 변수가 될 것이라는 점에 주목하여 미-중, 중-일 관계를 중점적으로 살펴보려 한다.

동아시아 지역주의는 동아시아 외환위기를 기점으로 새로운 동력을 얻어 특히 금융통화협력 분야에서 가장 가시적인 진전을 보여왔고 중국도 적극적으로 동참해 왔다.[10] 중국의 등장이 동아시아 질서에 어떤 의미를 던질 것인지에 관해 많은 관심과 논의가 있다. 동아시아 지역주의 관점에서 중국의 경제적 부상을 고찰해 봄으로써 동아시아의 공동 번영과 평화를 추구하는 새로운 질서를 구축하는 데 있어서 중국이 던지는 의미를 찾아보고자 하는 것이 이 글의 궁극적인 관심사이다.

이 글은 다음과 같은 순서로 구성된다. 2절에서는 우선 중국경제의 대외의존성을 외자유입과 무역 등의 관점에서 살펴본다. 그리고 이런 대외

and the Future of US-Chinese Relations," in G. John Ikenberry & Michael Mastanduno (eds.) (New York: Columbia University Press, 2003), pp.323-352.

10) Jin-Young Kim, "Financial Cooperation within the ASEAN+3: viability and prospects," in Jehoon Park, T. J. Pempel & Gerard Roland (eds.), *Political Economy of Northeast Asian Regionalism* (Cheltenham, UK: Edward Elgar, 2008), pp.111-129.

의존성이 중국의 외교정책과 동아시아 지역주의에 미치는 영향을 분석해 본다. 3절에서는 동아시아 지역주의의 행로에 영향을 미치는 정치적 문제, 특히 동아시아공동체 추진 문제에 있어 중국의 미국과 일본과의 관계에 대해 논해 본다. 4절에서는 결론적으로 동아시아 지역주의와 중국이 던지는 의미를 정리해 본다.

II. 중국경제의 대외의존과 지역주의 관점에서의 평가

1. 중국경제의 대외의존

중국경제의 대외의존은 국제분업의 생산네트워크에서 중국의 위치, 그리고 해외직접투자의 유입과 그것의 중국 내 지역연계 등을 통해 파악해 볼 수 있다.

생산네트워크는 동일 산업 내 생산공정을 부존요소, 기술의 비교우위, 부품조달의 편의성, 시장의 근접성 등을 고려하여 분산배치하고 유기적으로 통합하는 연계망을 구축하는 것이다. 동아시아에서 생산네트워크 구축의 선두는 일본이었다. 일본은 특히 1985년 플라자협정 이후 기업들이 엔고를 타개하기 위해 동남아 등지에 생산설비를 이전하여 부품생산 및 조달 체계를 만들면서 생산네트워크 구축을 본격화하였다. 일본기업들은 본국의 모기업에 설계와 디자인, 자본재 공급을 집중시키고 생산라인을 동남아에 확산하여 일본을 중심으로 한 네트워크를 구축하여 아시아를 '장악'하였다.[11]

그러나 중국의 부상으로 동아시아에는 일본 중심에서 벗어나 중국을 중심으로 생산네트워크의 구축이 증가하였다. 1990년대 이래 동아시아는 생산네트워크의 연계를 통한 산업 내 무역의 증가가 현저하다. 기술의 발전으로 인해 모듈화된 생산방식으로 생산공정의 분화와 통합이 용이하게 되었고, 물류, 정보통신기술의 혁신으로 수송과 연계비용이 대폭 감축되어 동아시아의 산업 내 무역 증가를 가능하게 하였다.[12] 기술의 발전에 더하여 '세계의 공장'으로 등극한 중국을 중심으로 해외로부터의 투자가 급증하여 동아시아 국제분업의 연계망을 확산, 심화시켰다.

1992년에서 2000년까지 동아시아의 중간재 수출증가율이(연평균 12.6%) 세계평균(연평균 9.8%)을 능가하며 그 절반 이상(2003년 53.7%)이 동아시아 역내에 수출되었다.[13] 중간재의 역내 수출증가율이 현저하였다는 것은 산업 내 분업이 활성화되었다는 것을 반영한다. 중국은 동아시아 최대의 중간재 수입국가가 되었는데, 중국의 총수입에서 중간재가 차지하는 비중은 2002년 61.4%였고 2006년에도 56%의 높은 비중을 차지하고 있다. 2006년 중국의 중간재 수입에서 동아시아가 차지하는 비중은 60%였다.[14]

동아시아에서의 무역패턴을 보면 중국이 일본을 비롯한 동아시아 역내국으로부터 자본재와 중간재를 수입하여 완제품을 생산하여 구미시장으로 수출하는 패턴이 증가하게 되었다. 2006년 일본의 대중 수출 중 자본재와 중간재의 비중이 80.9%, 한국의 대중 수출 중 자본재와 중간재가

---

11) Walter Hatch and Kozo Yamamura, *Asia in Japan's Embrace* (Cambridge: Cambridge University Press, 1996).
12) Hideo Ohashi, "China's Regional Trade and Investment Profile," in Shambaugh (2005), p.86.
13) 고일동 외, "동아시아분업구조 분석과 한중일 FTA에 대한 시사점," 연구보고서 (서울: 한국개발연구원, 2003).
14) 중국의 중간재 수입비중은 2006년부터 떨어지기 시작하였는데 이는 기술발전으로 중국기업들이 중간재를 자체 생산, 조달하는 비중이 증가하고, 해외직접투자에 의한 부품생산 외자기업이 증가하였기 때문이다. 『무역투자백서 2007』, JETRO, p.30.

84.9%를 차지하였다.[15]

중국의 수입과 수출에서 중요한 역할을 담당하는 것이 해외직접투자 (FDI)이다. 중국은 개도국 중 최대의 투자유입국으로서 선진국 중 투자강국과 비슷한 규모의 해외직접투자를 유치하고 있으며(<표 1>), 외자기업은 중국 수출의 절반 이상을 담당하고 있다(<표 2>). 해외자본들은 저렴하고 풍부한 노동력과 부품조달이 가능하고 정부의 적극적인 외자기업 우대정책, 그리고 막대한 잠재적 시장성을 갖춘 중국으로 몰려오게 되었다.

해외직접투자는 1990년대 중국의 경제발전에 지대한 역할을 하였는데 1989년의 천안문사태로 주춤하다 1991년부터 회복되기 시작하여 특히 1992년 덩샤오핑의 '남순강화(南巡講話)' 이후 경이적 성장을 기록하였고, 2000년부터는 WTO 가입을 계기로 자동차, 가전, IT분야 등에 외국기업들의 중국진출이 본격화하면서 급증하였다.[16] 중국 정부는 수출지향의 외자기업들에게 필요한 설비와 부품 등을 관세면제로 수입할 수 있도록 허가하였다.[17]

중국의 경제성장은 이와 같이 많은 외자를 유입하면서 생산네트워크를 통해 동아시아 역내의 연계를 심화시키면서 이루어졌다. 중국의 성장은 종래 일본 중심의 네트워크를 능가하여 중국을 중심으로 한 새로운 네트워크를 만들고 있고 이를 통해 동아시아 역내무역과 산업 내 국제분업이 증가하는 데 크게 기여하였다. 중국은 동아시아 국제분업의 새로운 중심으로 등장하였고 수출과 수입의 막대한 역량으로 당분간 동아시아 지역경제 성장에서 핵심적 역할을 할 것으로 전망된다.[18]

중국경제성장의 해외의존성은 FDI 유입뿐만 아니라 이들이 중국 내에

15) 안형도·방호경, "한·중·일 3국의 생산공정별 분업구조의 특징과 시사점," 『오늘의 세계경제』 07-46호, 대외경제정책연구원(2007. 10월), pp.5-6.

16) 金澤孝彰, "中國經濟の發展と外資の役割,"『中國經濟の勃興とアジアの生産再編』 IDE-JETRO アジア經濟研究所 研究双書, no.563, p.37.

17) Ohashi(2005), p.79.

18) Ohashi(2005), p.96.

〈표 1〉 중국의 해외직접투자(FDI) 유출입

(단위: 백만 US$)

	FDI 유입		FDI 유출	
	2005	2006	2005	2006
중국	79,127	78,095	11,036	17,830
홍콩	33,625	42,894	27,196	43,460
아세안	29,782	42,350	8,747	15,561
일본	3,223	-6,789	45,461	50,165
프랑스	81,036	81,076	120,971	115,036

출처: "IMF 통계," 『무역투자백서 2007』, JETRO

〈표 2〉 중국무역에서 외자기업의 비중

	수출총액(억 달러)	수출비중(%)	수입총액(억 달러)	수입비중(%)
1992	849.4	20.4	805.9	32.7
1994	1,210.1	28.7	1,156.1	45.8
1996	1,510.5	40.7	1,388.3	54.5
1998	1,837.1	44.1	1,402.4	54.7
2000	2,492.0	47.9	2,250.9	52.1
2002	3,256.0	52.2	2,951.7	54.3
2004	5,933.2	57.1	5,612.3	57.8
2005	7,619.5	58.3	6,599.5	58.7

출처: 중국통계연감(각 연도)

서도 경제성장 지역에 집중되어 있음을 통해서도 알 수 있다. 성장을 주도해온 발전지역은 홍콩과 인접한 주강(珠江)델타지역, 상하이, 강소성, 절강성 등을 끼고 있는 장강(長江)델타지역, 북경·천진지역 등이다. 이 3대 발전지역은 중국의 경제발전을 주도하며 전체 GDP의 34%, 수출의 77%를 차지한다. 외국인 투자에서 장강델타지역은 대략 49%, 주강델타지역은 대략 26%, 북경-천진지역은 대략 6.5%를 차지하며(2002), 수출에서는 주강델타 34.9%, 장강델타 34%, 북경-천진지역 8.5%를 기록한다(2003).

상하이를 끼고 있는 장강델타지역은 중국 경제성장의 중심지로 물류와 무역, 금융 및 비즈니스 서비스 관련 산업이 발달하여 외자기업의 유입이 가장 활발하다. 장강델타지역이 자본과 기술집약적인 하이테크 산업이 발달한 데 비해, 홍콩, 심천과 인접한 주강델타는 노동집약적인 전자, 전기기기 조립 및 부품생산과 관련하여 대만계, 홍콩계 기업이 밀집해 있다. 장강델타지역의 경우 대부분의 투자국이 가장 높은 비중으로 투자하고 있다 (<표 3>). 북경과 천진지역은 북경의 중관촌과 북경대학, 청화대학 등에서 배출된 인재들과 외자기업들이 집합하여 R & D센터의 역할을 한다.[19]

<표 3>에서 보듯이 중국 발전의 핵심지역인 장강델타에는 모든 투자국들이 최대의 투자를 집중하고 있다. 표에 나타난 투자국 중 버진군도와 케이만군도의 투자는 조세천국(tax heaven)을 통한 대만기업의 투자가 상당수 포함되며 이들을 통한 대만의 투자는 공식투자의 거의 2배에 달한다고 한다.[20] 조세천국을 통해 드러나지 않는 대만기업의 투자분까지 합해 홍콩, 대만, 싱가포르 등 대중화권의 화인자본(華人資本) 네트워크의 비중이 매우 큼을 알 수 있다.[21] 미국, EU 등으로부터의 투자도 있지만

---

19) 김진영(2007a), pp.84-85.
20) Chambers(2006), p.83.
21) Dajin Peng, "Invisible Linkages: a Regional Perspective of East Asian Political Economy," *International Studies Quarterly* 46(2002); 박기철, "화교네트워크의 정

〈표 3〉 중국 주요 투자국가들의 중국지역별 투자(2002)

(단위: 백만 US$, %)

	홍콩	일본	대만	미국	EU	한국	아세안	싱가포르	버진군도&케이만군도	기타
투자총액	28,369.5	5,754.3	8,880.4	8,651.0	2,389.7	6,824.9	3,828.2	2,981.3	16,086.6	17,713
북경-천진지역a	5.7	7.5	1.6	8.0	19.8	8.0	8.2	6.9	7.3	4.6
장강델타지역b	35.8	62.4	53.5	51.1	45.8	70.2	54.9	61.7	59.7	44.1
주강델타지역c	35.8	13.3	33.9	15.0	5.4	2.1	21.4	15.7	26.8	29.5

a. 북경-천진지역에 河北省, 山西省 포함하여 합산
b. 장강델타지역(상해, 강소성, 절강성)에 산동성 포함하여 합산
c. 광동성에 복건성, 해남성까지 포함하여 합산
출처: 중국통계연감(2003); R. Ash(2005):109-124에서 재인용 및 합성

대중화권과 한국, 일본, 아세안 등을 합하면 구미지역으로부터의 투자를 몇 배 상회하는 압도적인 비중을 차지하고 있음을 알 수 있다. 3대 발전지역 외에도 표에 나타나지 않은 동북3성 지역은 전통적으로 일본과 한국과의 연계가 강하다.

외국인 투자에 이어 중국의 대외무역에서도 해외의존의 중요성을 알

치적 함의 연구," 『중국학연구』, vol.20, no.1(2001), pp.479-504.

〈표 4〉 중국의 주요 수출 대상국

(단위: 백만 US$, %)

	2005	2006	2007
총계	762,327 (28.4)*	986,119 (26.5)	1,218,155 (25.7)
미국	162,939 (30.4)	191,082 (15.2)	232,761 (14.4)
홍콩	124,505 (23.1)	148,215 (20.6)	184,289 (18.6)
일본	84,097 (14.4)	82,760 (10.8)	102,116 (11.3)
한국	35,117 (26.3)	45,078 (25.3)	56,129 (26.0)
독일	32,537 (37.0)	39,261 (20.3)	48,729 (20.9)

* 괄호 속의 숫자는 증가율
출처: KOTRA "중국수출입동향"

수 있다. <표 4>에서 보이듯이 중국의 수출은 매우 빠른 속도로 증가하고 있다. 중국의 주요 수출 대상국은 미국, 홍콩, 일본, 한국, 독일 등이며, 이 5개 국가(지역)로의 수출이 전체 수출의 51.4%를 차지한다(2007). 단일 국가로 미국시장의 비중이 매우 크지만, 동아시아 국가들과 함께 EU 국가들도 주요 교역상대이다.

중국 경제성장이 해외와의 의존성이 큰 가운데 이루어지고 있으며 중국은 최근 러시아와 인도와의 무역을 증가시키는 등 교역의 폭이 더욱 다변화되고 있다. 무역의 증가세가 빠르고 교역의 폭이 확장되는 것은 그만큼 경제적 상호의존이 증가되어 간다는 의미이며 중국의 대외정책, 특히 동아시아 지역주의 정책에도 영향을 미친다.

2. 지역주의 관점에서의 평가

경제의 상호의존성 심화가 평화의 유지에 기여할 것이라는 자유주의의 가설과 더 나아가 앞으로의 무역이익에 대한 기대가 평화유지에 기여한다는 가설[22]은 동아시아에 있어서도 중국의 협력적 태도를 설명하는데 도움이 된다. 코프랜드(Copeland)의 가설은 원래 미-중관계를 설명하는데 초점을 두고 있으며, 그 정책적 함의로서 미국은 중국과 지속적 무역관계를 통해 중국에게 경제적 이익의 획득과 기대를 가능하게 하여 중국이 현상타파적(revisionist)이 아닌 현상유지적(status quo) 태도를 유지하게 해야 한다는 것이다. 초점을 이동하여 이런 논리를 동아시아에 적용하면 다음과 같다. 중국이 일본, 한국, 그리고 아세안 국가들과의 경제 상호의존을 통해 기대이익이 높아지면 중국은 동아시아 국제관계에서 더욱 적극적으로 협력적 외교를 추진할 것이다. 경제적 상호의존은 중국이 동아시아 다른 국가들과 경제적 이익을 해칠 분쟁이나 충돌사태에 들어가는 것을 방지하는 효과가 클 것이다.

최근 중국의 외교행보는 이 가설을 잘 입증한다. 특히 동아시아의 주도권을 두고 경쟁과 갈등을 벌이는 중국과 일본과의 관계에서도 이 가설은 입증된다. 중-일 간의 정치 및 안보적 차원의 경쟁과 긴장에도 불구하고 경제적 교류는 지속적 증가 추세를 기록해 왔다. 중국의 수입수요는 일본을 경제침체에서 견인해내는 데 기여하였고 2003년 일본의 대중 수출은 자동차 부품, 정밀기계 수출 증가 등에 힘입어 경이적인 43.5% 증가를 기록하였다. 2002년과 2003년에 일본의 대중 수입은 미국을 제칠 정도로 증가하여 2003년 일본 수입의 15.4%가 미국으로부터임에 비해 19.7%가 중국으로부터였다.[23] 2007년 중국은 수출과 수입을 모두 포함한 무역

---

22) Copeland(2003).

량 면에서 미국을 제치고 일본의 최대 무역상대국이 되었다.[24] 중국과 일본은 상호간 1~3위의 무역대상국이며 일본 기업들에게 수출시장이며 생산기지로서 중국의 중요성이 증가하고 있다.[25] 이런 관계가 중-일 간 정치적 갈등에도 불구하고 실익을 위한 협력의 중요한 기반이 되는데, 최근에는 그간 일본과 한동안 갈등을 빚었던 동중국해의 가스전을 공동 개발하기로 합의함으로써 일본과 해묵은 영토분쟁의 갈등을 일단 옆으로 젖혀놓고 윈윈(win-win)의 해결을 도모하였다.[26]

대만과의 관계에서도 이 논리는 적용된다. 때때로 표출되는 양안 간의 정치적 긴장에도 불구하고 중국은 대대적인 대만자본의 투자를 받아들이고 있다. 경제적 상호의존 관계를 통한 이익의 향유는 중국 경제 성장에 큰 도움이 됨은 물론, 대만의 본토에 대한 정치적 독립 움직임을 견제하는 효과도 있다.[27]

중국 정부의 입장에서 경제의 상호의존과 정치적인 우호관계는 동전의 양면과 같아 보인다. 경제의 상호의존이 중국의 평화유지적이고 협력적 태도를 지속하게도 하지만, 역으로 중국 정부가 주변국들의 중국에 대한 우호적 태도를 유인하기 위해 경제적인 상호의존 관계를 만들어 가려고 노력하기도 한다. 예컨대, 아세안과 FTA 체결 및 상호투자를 증가시키고 아세안 방문 중국관광객을 증가시키는 등 상호의존 관계를 발전시키고 있다. 적극적인 협력 외교로 중국의 성장으로 인한 아세안의 우려를

---

23) 『무역투자백서 2004』, JETRO, pp.7-8.

24) 『무역투자백서 2008』, JETRO, p.65, p.84.

25) 『일본경제산업성 백서 2006』, pp.186-191; 木村福成, "アジア国際分業と課題," 石川幸一, "外国直接投資は中国に集中するのか," 若松勇, "中国に比重を移す日本企業のアジア戦略," 特集 I, アジア国際分業の再編をめぐって, 『ジェトロセンサー』 2002、7, pp.9-21.

26) 『조선일보』, 2008.5.9.

27) Copeland(2003), p.96.

해소시키면서 중국의 성장에 유리한 조건을 만들어 가고 있는 것이다.

중국의 협력외교는 동아시아 지역주의 추진에서도 주도적인 위치를 차지하려는 적극성으로 나타날 것이다. 중국은 당분간 경제성장이 국가 정책의 우선 목표인 만큼 경제성장에 필요한 환경조성에 외교정책의 주 안점을 둘 것이고 동아시아 지역의 지역주의가 중국의 경제성장과 지역 에서의 위상강화에 도움이 될 것이므로 적극적으로 주도하려는 입장을 가질 것이라는 것이다.

동아시아의 지역주의가 탄력을 받게 된 것은 1997~98년의 외환위기 이 후인데, 중국이 지역주의에 적극적으로 동참하게 된 것도 외환위기 이후 이다. 동아시아 외환위기는 아시아의 경제가 긴밀히 연계되어 있음을 입 증하였다. 직접 위기가 발생한 5개국(태국, 인도네시아, 말레이시아, 한국, 필 리핀)뿐 아니라 전 아시아 경제가 큰 타격을 받아 수출이 감소하고 성장 률이 감소하였다. 중국을 위시하여 어떤 국가도 동아시아 외환위기의 여 파로 크고 작은 타격을 받지 않을 수 없었다. 이런 상황에서 동아시아 지역의 자구(自救)시스템을 마련할 필요성을 절실히 느꼈고, ASEAN+3(한· 중·일)의 회동이 이루어졌다. 이후 ASEAN+3를 견인차로 한 동아시아 지 역주의가 태동하게 된 것이다.[28] 중국도 치앙마이 이니셔티브를 통한 금 융통화협력에 적극 참여하게 되었고, 동아시아 지역주의를 주도하려 할 만큼 적극적인 입장을 보이고 있다.

중국은 당초 WTO와 같은 글로벌한 무역자유화를 중시하고 FTA에 관 해서 특별한 관심이 없다고 하였으나 현재는 아세안과 협상을 타결했을 뿐 아니라, 한중 FTA에도 적극적인 입장이다.[29]

---

28) Jin-Young Kim(2008); 김영철·박창건, "외환위기 이후 동아시아 지역주의: 한· 중·일 3국을 중심으로,"『한국과 국제정치』 21권 3호(2005), pp.1-31.

29) 박병인, "동아시아 자유무역지대(FTA) 형성과 중국의 전략,"『중국연구』(2003); 썬쟈, "중국의 FTA 추진 배경과 전략 해부,"『LG주간경제』(2007.5.16); 최원기,

　동아시아 지역주의는 FTA나 치앙마이 금융통화협력 같은 제도를 통해 경제적 상호의존 관계를 더욱 심화하며 상호의존으로 인한 이익을 더욱 증대시키는 데 기여한다. 기존의 경제 상호의존 관계는 지역주의를 발전시키는 기반이 되며 지역주의의 발전은 상호의존을 더욱 심화시키는 상호작용을 한다. 여기에 동아시아를 세계적 영향력 확대의 발판으로 삼으려 하며 동아시아의 경제적 역량을 주도하려는[30] 중국의 정치적 의도가 더해져 동아시아의 지역주의에 중국이 적극적 역할을 할 것이라는 것이다.

　경제적 상호의존과 지역주의가 긍정적 상관관계가 있다고 볼 수 있다. 그러나 주의할 것은 경제적 관계가 지역주의의 발전에 순기능을 하지만, 어느 정도까지이며 지역주의의 결실은 정치적 문제라는 것이다. 궁극적으로 동아시아공동체를 향한 긴밀한 조직화를 위해서는 정치적 문제들이 남아 있다. 상호의존 심화의 경제적 관계가 동아시아공동체의 결실을 맺으려면 당사국들의 정치적 결정과 합의가 필요한데 그에 이르기까지 쉽지 않은 문제들이 남아 있다. 동아시아 지역주의를 적극적으로 진전시키기 위한 정치적 조건 중에서 미국과의 관계, 일본과의 관계가 두 개의 핵심적이며 상호 연관된 문제이다.

　"중국의 한중 FTA 추진 배경과 한중 FTA 전망," 『주요국제문제분석』(서울: 외교안보연구원), 2006.12.26.
30) 이희옥, 『중국의 국가 대전략 연구』(서울: 폴리테이아, 2007), p.88.

III. 동아시아 지역주의와 미-중, 중-일 관계

1. 미국과의 관계

동아시아의 지역주의가 동아시아공동체라는 긴밀한 조직으로 발전하기 위해서는 미국의 양해가 중요한 관건의 하나이다. 미국은 1997년 외환위기 초기 일본이 제안했던 아시아통화기금(AMF) 안을 IMF와 중복된다는 등의 이유로 기각한 바 있다. 2차 대전 이래 동아시아 지역에서 헤게모니를 누려오던 미국은 동아시아국들이 미국을 뺀 자기들만의 협력체를 만드는 것을 원치 않는다.[31] 더구나 부상하는 중국이 장차 미국에 도전하는 세력이 될 가능성에 대한 논의가 분분한 가운데 중국이 적극적 주도 역할을 하는 동아시아 협력체의 구성은 필연적으로 일본과 일본을 통한 미국의 견제를 받는다. 그렇다고 현재로서 중국이 미국과 일본을 따돌리고 중국 주도의 동아시아공동체를 독자적으로 추진할 개연성은 별로 없다고 본다. 중국은 미국시장에 의존도가 크고 대외적으로 '위협' 세력으로 인식될 행동을 하지 않으려 할 것이기 때문이다.

중국경제의 거대한 성장잠재력으로 인해 조만간 일본을 추월하고 미국에 근접하리라는 각종 전망을 낳고 있다. 이런 전망들은 막연히 '중국위협론'에 일조하고 있기도 하다. 그러나 중국에 관한 이런 전망들은 아직은 다소 조급하다. 미국은 패권국이 되기 50년 전 이미 산업생산량 면에서 당시 패권국 영국을 제치고 1위를 기록할 만큼 눈부신 성장을 하였지만[32] 이때 경제성장은 주로 광대하고 풍부한 내수시장을 바탕으로 한

---

31) 다음을 참고. Ralph Cossa, *An East Asian Community and the United States* (Washington D.C.: CSIS, 2008); 김기석, "일본의 동아시아 지역주의 전략,"『국가전략』 13권 1호(2007), p.75.

것이었다.[33] 미국의 다국적기업들은 미국이 패권국으로 등장함과 함께
해외로 팽창해가며 미국식 경영과 기술을 해외에 전파하였다.[34] 이러한
상황은 중국과는 매우 대조적이다. 중국의 성장은 현재까지 해외에서의
투자와 무역에 의존한 바 크며, 중국의 제조업 능력도 국제분업 구조의
가치사슬(value chain)에서 고부가가치 창출 부문에 비교우위가 있는 것이
아니다. 중국은 IT관련 제품과 가전제품에 있어 세계 수위의 수출국이며
'렌샹' '하이얼' 같은 중국 브랜드는 이미 세계적으로 알려졌지만, 고급
기술에 있어 아직 해외에 의존하는 비중이 크다. 예컨대, 컴퓨터 생산의
경우, 부품 중 고부가가치의 전문적 부문은 동아시아 NIEs, 예컨대 한국
은 메모리칩, 대만은 디지털디자인, 싱가포르는 생산공정 및 엔지니어링
에 특화되어 있고, 중국은 그보다 저부가가치의 부품과 주변기기·조립
생산 등에 특화되어 있다.[35] 가전제품의 경우 중국 수위의 기업들도 일
본기업, 한국기업 그리고 구미기업과의 기술제휴 및 합자투자를 하고 있
다.[36] 이런 것들은 중국경제의 수준과 대외 의존성을 나타내는 일례이다.
이런 사실들은 미국이 세계의 헤게모니국으로 등장할 때의 조건과 매우
다르다. 그리고 중국이 아직 미국에 본격적으로 도전하거나 미국을 대체
할 만한 입장이 아님을 보여주는 한 징표(indicator)라 볼 수 있다.

  그럼에도 불구하고 중국의 부상과 동아시아에서의 입지 상승은 그동

---

32) Walt Rostow, *The World Economy* (Austin: University of Texas Press, 1978), pp.52-
   53; Lairson & Skidmore(1997), p.45에서 재인용.
33) Thomas D. Lairson & David Skidmore, *International Political Economy* (Harcourt
   Brace College Publishers, 1997), pp.45-65.
34) 이에 대해 다음을 참고. Robert Gilpin, *US Power and the Multinational Corporation*
   (New York: Basic Books, 1975).
35) 김주훈, "동아시아 글로벌 생산네트워크와 한국의 혁신정책 방향," 연구보고서
   (서울: 한국개발연구원, 2004), p.30.
36) 丸屋豊二郎、阿部宏忠, "中国の産業発展と海外直接投資,"『東アジア国際分業と中国』
   (ジェトロ, 2002), p.15.

안 양자적 '바퀴살체제(hub-and-spoke)' 관계로 동아시아 각국과 안보상의 특별한 관계를 맺고 동아시아를 주도해오던 미국에게 위협이 되지 않을 수 없다. 적어도 미국이 독점적으로 누리던 지위가 어느 정도 체감되는 효과는 있을 수 있기 때문이다. EU에 미국이 들어 있지 않은 것처럼 동아시아공동체에 미국이 필요없다고 한 장웬량(張蘊嶺)의 발언처럼 중국은 ASEAN+3의 틀 안에서 미국을 배제한 동아시아만의 결집을 추구한다.[37] 한편 동아시아 지역국가들은 이에 대해 중국의 동아시아 포용(engagement) 정책을 환영하면서도 그러나 중국이 미국을 대신하는 것을 원치는 않는다. 중국이 동아시아공동체에서는 아시아만의 결집을 추구하지만 당장 미국의 아태지역에서의 기득권에 도전하고 배제하려는 것은 아니다. 중국은 미국의 동아시아에서의 정책과 주도권에 대한 공식적인 반대의 표명이 비생산적임을 인지하고 있다.[38]

오히려 중국은 미국에 직접적 도전을 피하면서 전 세계적으로 중국 외교의 지평을 넓힘으로써 위상제고와 경제발전에 유리한 환경조성에 힘쓰고 있다. 중국은 동아시아에서만이 아니라 중앙아시아, 아프리카, 인도를 비롯한 세계 도처에서 독자적인 외교를 펼치며 대외관계의 지평을 넓히고 있다. ASEAN+3의 틀에 참여하는 것 외에도 러시아와 함께 주도하는 상하이 협력기구(SCO)에서는 회원국들에게 FDI와 에너지, 수송, 통신 등의 분야에 경협 등을 제공하면서 또 하나의 블록을 만들어 가고 있다.[39] 중층적인 여러 다자주의 틀에 참여하면서 다면적 외교를 실천하는 것이 경제성장 전략을 추진하는 데 유리하며 주변 국가들의 중국에 대한

---

37) 天児慧, 東アジア共同体評議会, "東アジア共同体構想をめぐる中国の動向," 第26回 政策本会議, 속기록, 2008.7, p.5.
38) Robert Sutter, "China's Regional Strategy and Why It May Not Be Good for America," in Shambaugh(2005), p.299.
39) 『중앙일보』, 2006.6.14.

경계와 의구심을 완화하고 중국의 위상을 제고하는 데 도움이 된다.

동아시아 지역주의에서 중국이 보다 동아시아적 입장이라면 일본은 미국을 비롯하여 태평양 세력들을 보다 개입시키려는 입장이다. 동아시아의 주도권을 놓고 일본은 중국과의 경쟁관계에서 이를 견제하기 위해 미국과의 관계를 강화하고 적절히 미국을 이용하려 한다.[40]

중국은 아시아에서 미국의 일방적 지배를 반대하지만 직접적이 아닌 우회적이고 은근한 방법으로 접근할 것이며 중국의 영향력과 힘을 기르는 것이 장기적으로 중국의 이익을 담보하는 것이라 믿는다.[41] 동아시아 공동체 형성에 있어서도 미국이 대만 문제 등으로 중국에 대적하지 않는 한 굳이 미국을 자극하며 속도를 내기보다는 서서히 중국의 영향력을 확대시켜 현실화시켜 가는 방법을 택할 것이다. 중국경제의 위상이 부상함과 함께 그에 따른 정치적 영향력 확대가 중국에게 장기적으로 유리한 지렛대가 될 것이기 때문이다.

2. 일본과의 관계

일본과 중국은 서로에 대해 역사적 경험에 근거한 의구심에서 자유롭지 못하다. 즉 중국의 경우 동아시아공동체의 추구가 곧 화이질서(華夷秩序)로의 회귀를 꿈꾸는 것이 아닌가, 일본의 경우 대동아공영권(大東亞共榮圈)의 재건을 노리는 것이 아닌가 하는 의구심으로부터 자유롭지 못하다는 것이다. 동아시아 지역주의에 있어 중국과 일본 간의 갈등과 경쟁으

---

40) William W. Grimes, "East Asian Financial Regionalism in Support of the Global Financial Architecture? The Political Economy of Regional Nesting," *Journal of East Asian Studies* 6(2006), pp.353-380.

41) Sutter(2005), pp.299-300.

로 인해 사실상 ASEAN이 운전석에 앉아 의장의 역할을 하고 있다고 보는 것이 타당하다.

일본은 동아시아 지역주의가 중국 주도로 진전될 것을 경계하여 동아시아공동체 논의에 적극적으로 참여하고 있지만 종래부터 지니고 있던 미국과 태평양 세력들을 끌어들이려는 범태평양주의 입장을 지니고 있다. 이에 대해 중국은 이들을 배제한 범아시아주의 입장이다. 중국과 일본의 입장 차이는 2005년 동아시아 정상회의(EAS: East Asia Summit)의 참여국 문제를 두고 첨예하게 나타났다. ASEAN+3 외에 호주, 뉴질랜드, 인도를 가입시키려는 일본의 주장이 EAS에서는 승리하였지만 이어서 ASEAN+3 회담에서는 ASEAN+3를 동아시아공동체의 견인차로 선언하였다. 동아시아 지역주의의 진전에 있어서 미래의 구성원에 대한 문제는 현재 명시적으로 합의된 바 없을 뿐 아니라 앞으로도 계속 정치적 논란의 불씨를 안고 있다.

동아시아 지역주의의 주도권을 놓고 일본은 미국과 연대하여 중국을 견제하려 한다. 이에 대해 중국은 이런 일본과 미국의 연대를 경계하고 비판한다. 중국과 일본의 이런 갈등은 동아시아공동체에 관한 양국 학자들의 연구에서도 잘 나타나는데, 예컨대 중국의 쩡시엔우(鄭先武)는 일본에서 가장 대표적으로 활발히 동아시아공동체에 관한 연구와 보고서를 산출하고 있는 동아시아공동체평의회 의장인 이토오 겐이치(伊藤憲一)의 '열린 지역주의'에 관해 이것이 사실은 미국을 개입시키고 미일 관계를 강화시키려는 속셈이 아닌가 하고 지적하고 있다. 그는 또한 동 평의회 보고서에서 제시된 동아시아공동체 구축 원칙에서 일본 측이 '자유, 인권, 민주주의' 등 보편적 가치를 중시한다고 한 것에 대해서도 서구편향의 가치관인 민주평화론만이 동남아시아 등 아시아의 경험을 설명하는 것은 아니라는 비판을 하고 있다.42)

한편, 송궈요우(宋國友)는 일본의 동아시아 지역 전략이 곧 이를 기반으로 한 정치대국화 전략이라고 비판하며, 황따후이(黃大慧)는 일본이 미국과 연대하여 중국을 견제하려고 한다 해도, 중-미 간 전략대화가 진행되어 윈-윈(win-win)관계가 형성되어 있으므로 별 효과가 없을 것이라 주장하기도 한다.43) 이런 주장은 곧 중국이 계속 미국과의 관계를 발전시켜 동아시아에서 미-일 연대를 상쇄하려는 전략을 내포하는 듯하다. 장기적으로 보아 중국과 미국의 관계가 더욱 발전하면 오히려 중국과 일본 간의 갈등을 해소하는 데 도움이 될 것이다.

일본은 ASEAN+6의 포괄적 경제연대협정을 주장하는 등 ASEAN+3보다는 EAS 중심으로 보다 외연을 넓혀 중국의 영향력이 희석된 형태의 지역주의를 선호한다. 반대로 중국은 동아시아에서는 ASEAN+3가 중심이 되어야 한다는 입장이며, 중국 당국은 ASEAN 주도로 동아시아공동체 추진이 진행되어야 한다고 하지만 사실상 이는 중국주도를 가리기 위한 위장으로 일본은 파악하고 있다.44)

중국과 일본의 동아시아 지역주의 주도권을 둘러싼 암묵적 갈등과 경쟁에도 불구하고 이는 지금까지 지역주의의 흐름을 저해하기보다 진전시키는 데 기여해 왔다고 평가할 수 있다. 현재까지 동아시아 지역주의에서 가장 가시적 진전을 보이고 있는 분야는 치앙마이 이니셔티브(Chiang Mai Initiative)를 통한 금융통화협력 분야이다. 치앙마이 이니셔티브(CMI)는 2000년 5월 ASEAN+3 국가 간 복수의 쌍무적 통화스와프 협정으로 출발하였는데, 꾸준히 진전을 계속하여 발전을 거듭하였다. 2007년 5월까지 스와프 약정액이 800억 달러에 달하며, 쌍무협정에서 머물지 않고 기금을 공동화하여 다자화체제로 발전시키기로 합의하였다. 기금을 공동화하고 다자화체제로 발전시키기로 함으로써 조만간 아시아통화기금

---

42) 天児慧(2008), p.9; 김기석(2007), p.76.
43) 天児慧(2008), p.10.
44) 天児慧(2008), p.7

(AMF)으로 발전할 가능성이 매우 높아졌다.[45] 동아시아의 금융협력에 먼저 주도적으로 나섰던 것이 일본이었는데 중국은 처음 일본이 제안한 AMF안 등에 대해서는 부정적인 반응이었다. 그러나 곧 중국은 외환위기를 당한 태국과 인도네시아 등에 자금지원을 하며 CMI 창설에도 적극 참여하였다. 지금까지 금융통화협력체 구성을 통한 중국과 일본의 경쟁은 오히려 발전을 저해하기보다 발전에 기여한 측면이 크다. 한 전문가의 말처럼 중국과 일본이 동아시아 지역에서 영향력과 지위를 확대하기 위해 벌이는 어느 정도의 경쟁은 지역의 통합과 안전에 긍정적 기능을 한다.[46]

중국과 일본의 관계는 최근 후진타오의 일본 방문을 통해 고이즈미 정권 때의 불편함을 극복하고 새롭게 친선, 협력을 도모하고 있다. 중국과 일본 간의 경제교류도 양적으로 증가하고 있고, 일본기업의 수출시장이며 생산기지로서의 중국시장의 중요성이 증가하고 있다. 앞의 <표 3>과 <표 4>에서 보듯이 일본은 현재 중국의 세 번째 수출대상이고, 주요 FDI 투자자이다. 이렇게 양국의 경제적 상호의존이 증가하고 있으므로 중국과 일본은 결정적 충돌 국면으로 가기보다 경쟁 속에서도 협력을 깨지 않는 관계를 계속해 나갈 것이다.

경제적 상호의존은 중국과 일본이 경쟁 속에서도 협력을 심화시켜 가는 데 기여할 것이고, ASEAN+3의 틀 안에서 지역주의가 발전해 가는 데 기여할 것이다. 동아시아공동체 추진의 리더십에 있어 중, 일의 지속되는 경쟁관계는 어느 한쪽의 결정적인 도전에 의해 다른 쪽과 파국적 충돌을 맞으며 누군가의 일방적 우위로 끝나기보다는 동아시아 지역의 다른 당

---

45) 김진영, "동아시아 금융통화협력의 진전과 전망,"『한국과 국제정치』23집 4호 (2007a), pp.213-242; Jin-Young Kim(2008).
46) Mike Mochizuki, "China-Japan Relations: Downward Spirals or a New Equilibrium?" in Shambaugh(2005), p.141.

사국들, 특히 한국과 ASEAN의 조정적 역할과의 관계 속에서 진행되어 형태를 잡아 갈 것으로 보인다.

IV. 결론: 동아시아 지역주의와 중국

중국을 중심으로 형성되는 국제분업의 네트워크의 확대는 종래 일본 중심의 네트워크가 지배하던 동아시아 경제에 중국이 새로운 핵으로 부상하였다는 것을 의미한다. 동아시아 지역주의의 주도권을 둘러싼 일본의 중국 견제는 부상하는 중국에 대한 일본의 초조함을 나타낸다. 중, 일간의 상호 견제와 잠재적 갈등에도 불구하고 동아시아 경제의 상호의존성 증대는 지역주의가 진전될 수 있는 구조적 기반을 이룬다.

동아시아공동체의 실체가 무엇인지에 대해서는 아직 합의된 바 없으며 그에 접근하는 방법에 대해서도 논의가 분분하다. 지역공동체를 구성하는 데 있어 지역 정체성 및 공동의 가치, 제도와 같은 것들이 반드시 필요하다. 그러나 우선은 현재 세계적인 지역주의의 흐름에서 경제적 상호의존이 그 기초를 이루고 있다. 경제적 상호의존을 제도화한 것이 자유무역지대 창설과 금융통화협력체의 구성으로 나타난다.

동아시아공동체를 향한 여정은 치앙마이 이니셔티브를 통한 금융통화 협력에서는 상당한 진전을 보이고 있다. 현재 미국의 금융위기를 시발로 국제금융체제에 팽배한 위기감과 브레턴우즈체제 개혁의 필요성에 대한 깨달음이 1997년 동아시아 외환위기 발생 이후 다시 부상하고 있다. 이런 상황에서 한·중·일과 ASEAN은 그간 논의되어 오던 아시아통화기금을 2009년 6월까지 창설하기로 2008년 10월 베이징의 ASEM에서 합의하였다. 총 800억 달러의 기금조성은 한·중·일이 80%를, 아세안이 20%를 분담하기로 하였다.[47] 기금 분담액에 따라 통화기금 내 발언권의 비중도 달라질 것이므로 중국과 일본 간 치열한 물밑 경쟁이 예상된다. 아시아 통화기금의 실현에 대해 우려의 목소리도 없지 않으나 치앙마이 이니셔티브가 처음 출발했을 때도 회의론자들은 이를 외환위기의 여파로 탄생한 상징적 존재에 그칠 것이라는 비관적 전망을 하였다.[48]

현재 진행되고 있는 글로벌 금융위기의 증상과 그에 대한 우려를 고려할 때 아시아통화기금의 설립은 시급한 과제이며, 이에 대한 동아시아 국가들의 합의는 되돌릴 수 없는 것이다. 외환위기 이전부터 있던 일본 주도의 '엔블록' 논의는 중국의 반대와 일본의 리더십에 대한 동아시아 국가들의 반발을 사서 크게 환영받지 못하였다. 이에 비해 AMF 창설을 둘러싼 중국과 일본의 경쟁은 오히려 일본 단독 주도에 대한 역내국들의 우려를 해소하고 역내국들의 합의를 바탕으로 지역기구를 출범시키는 데 긍정적 기능을 할 것으로 본다. 미국의 견제도 또한 우려되기는 하지만 세계적인 금융위기에 대처하기 위해 지역의 자발적인 통화기금 설립을 제어할 명분은 없으며, 또한 미국 국채의 최대보유국인 중국과의 협력이 미국에게도 절실하므로 미국과 중국은 협력기조를 유지해야 한다. 아시아통화기금 창설이 확실한 목표로 합의되었으므로 동아시아공동체를 향한 동아시아의 노력은 확실한 기반을 구축한 것으로 해석할 수 있다.

동아시아비전그룹 보고서(2001)에서 채택된 동아시아 자유무역지대 (EAFTA)는 아직 논의 중일 뿐 가시적 진전은 없다. ASEAN+3가 아닌 ASEAN+1의 형태로 중국·일본·한국이 각각 ASEAN과 FTA를 체결하고 있으며 동아시아 전체 무역의 70%를 상회하는 중국·일본·한국 3국 간

47) AFP 뉴스, 2008.10.24.

48) Markus Hund, "ASEAN Plus Three: towards a new age of pan-East Asian region-alism? a skeptic's appraisal," *The Pacific Review,* vol.16, no.3, pp.383-417.

FTA는 아직 실현되지 못하고 있다. 3국 간의 긴밀한 무역관계에도 불구하고 FTA 체결에는 충돌하는 민간분야의 이해관계뿐 아니라 충돌하는 민족주의 감정을 조정해야 하는 어려운 문제가 남아 있다. EAFTA의 성립이 당장은 어렵다고 하여도 쌍무적 FTA는 지역국가 간 활발히 이루어지고 있으며, 예컨대 중국은 한-미 FTA의 협상이 완료된 이후 한-중 FTA에 더욱 적극성을 보이고 있으며, 일본 언론들도 중단된 한-일 FTA 논의의 재개를 요구하였다.49) EAFTA에 이르는 로드맵은 우선 ASEAN의 FTA가 이미 존재하므로 한·중·일 3국 간의 FTA가 맺어지고 이들이 합하여 EAFTA로 가는 것이 될 것이다.

한·중·일 FTA와 EAFTA가 조기에 성립되지 않는다 하여도 역내국의 무역교류를 통한 상호의존은 심화될 것으로 보인다. 동아시아공동체를 향한 진전은 동아시아 전체를 아우르는 자유무역지대의 성립보다는 당분간 금융통화협력을 중심으로 더욱 가시적 성과를 보일 수 있을 것으로 기대된다.

중국의 경제적 부상은 동아시아의 경제적 상호의존을 증가시키는 데 기여하였다. 중국은 그의 경제적 부상을 동아시아 이웃국가들에게 위협이 아니라 기회로 인식되게 하고 중국에 대한 우려를 불식시키기 위해 적극적으로 경제적 연계와 정치적 우호관계를 만들어 가고 있다.

종래 안행모델에서부터 엔블록 논의에 이르기까지 일본중심의 지역주의 논의가 상대적으로 쇠퇴하고 중국의 등장으로 동아시아 지역주의는 새로운 모멘텀을 맞이하였다. 세계경제체제의 불안정성 증가는 지역주의의 추동 원인이 된다. 치앙마이 이니셔티브를 통한 금융통화 협력이 동아시아 외환위기의 충격에서 비롯된 것도 이런 맥락에서 볼 수 있다. 미국발 금융위기가 세계 경제의 불안을 증가시키고 있는 현실에서 동아

---

49) 『요미우리신문』, 『일본경제신문』, 2007.4.3 등.

시아국들은 금융통화협력을 아시아통화기금으로 발전시키기로 결의하였다.

동아시아 지역주의의 주도권을 둘러싼 중국과 일본의 주도권 경쟁은 반드시 배타적인 패권경쟁으로 나타나기 어려울 것이다. 상호의존의 경제구조 속에 발전하고 있는 중국이나 부상하고 있는 중국으로 인해 상대적 지위가 도전받고 있는 일본이나 동아시아를 일방적으로 주도할 수는 없다. 그리고 지역의 다른 국가들은 양자의 균형을 원한다. 중국과 일본의 관계는 우호적으로 발전하고 있으며 나아가 합리적 '이익중심(interest-oriented)', 공동의 이익을 찾아 윈윈 게임을 할 수 있는 관계로 변모하고 있다고 한다.[50]

중국도, 그리고 일본도 미국과의 경제적 상호의존 관계나 미국의 동아시아에서의 이익을 무시할 수는 없다. 미국도 최근에는 동아시아의 지역주의에 대해 공공연히 반대 의사를 표명한 적은 없다. 2006년 여름에는 오히려 ACU(Asian Currency Unit)의 창설과 도입을 반대하지 않겠다고 선언하여 AMF가 최초로 제안되었을 때의 공식적 반대에서 완화된 입장을 보였다.[51] 그리고 미국은 자국에서 발생한 금융위기의 파장을 수습하느라 당분간 자국의 일에 더욱 전념할 것이며 앞으로 국제문제에 있어 다자적 협력관계를 중시할 것으로 전망된다.

동아시아 지역주의에는 앞으로 동아시아공동체의 외연과 실체에 관해 합의되지 않은 예민한 문제들이 많이 남아 있다. 그러나 경제적 상호의존의 증대는 지역협력의 더욱 긴밀한 제도화를 촉진한다. 중국의 개혁개방을 통한 경제성장과 지역경제에서 중국의 부상은 동아시아 지역주의의 경제적 기반을 더욱 강화시키는 데 기여하였다. 중국과 일본의 경쟁

---

50) Lu Zhongwei(2003); Mochizuki(2005), p.142 재인용.

51) *Financial Times*, 2006.6.16.

과 갈등 속에서도 이 두 개의 핵을 중심으로 동아시아 지역주의는 더욱 견고화하는 방향으로 진행되지 않을까 하고 조심스럽게 낙관적인 전망을 제시해 본다.

[참고문헌]

고일동 외. "동아시아분업구조 분석과 한중일 FTA에 대한 시사점." 연구보고서. 서울: 한국개발연구원, 2003.

김기석. "일본의 동아시아 지역주의 전략."『국가전략』13권 1호(2007), pp.61-89.

김영철·박창건. "외환위기 이후 동아시아 지역주의: 한·중·일 3국을 중심으로." 『한국과 국제정치』21권 3호(2005), pp.1-31.

김진영. "동아시아 금융통화협력의 진전과 전망."『한국과 국제정치』23집 4호 (2007a), pp.213-242.

_____. "동아시아 국제분업과 지역주의에의 함의."『한국정치외교사논총』29집 1 호(2007b), pp.75-101.

김주훈. "동아시아 글로벌 생산네트워크와 한국의 혁신정책 방향." 연구보고서. 서울: 한국개발연구원, 2004.

박기철. "화교네트워크의 정치적 함의 연구."『중국학연구』, vol.20, no.1(2001).

박병인. "동아시아 자유무역지대(FTA) 형성과 중국의 전략."『중국연구』(2003).

설규상. "동아시아 지역경제통합과 한계: 중일의 지역주의 접근과 리더십 역량을 중심으로."『세계지역연구논총』24집 3호(2006), pp.115-141.

썬쟈. "중국의 FTA 추진 배경과 전략 해부."『LG주간경제』, 2007.5.16.

안형도·방호경. "한·중·일 3국의 생산공정별 분업구조의 특징과 시사점."『오늘의 세계경제』07-46호. 대외경제정책연구원(2007, 10월).

이남주. "미국에서 중국위협론의 부상과 변화."『역사비평』1집 4호(2002), pp.343-359.

이원덕. "일본의 동아시아지역 형성 정책의 전개와 특징."『일본연구논총』22집 (2006).

이한우. "동아시아공동체에 대한 일본과 중국의 시각과 이해: 민간의 논의를 중심으로."『동남아시아연구』17권 2호(2007), pp.65-100.

이희옥.『중국의 국가 대전략 연구』. 서울: 폴리테이아, 2007.

정재호 편. 『중국의 강대국화』. 서울: 길, 2006.
최원기. "중국의 한중 FTA 추진 배경과 한중 FTA 전망." 『주요국제문제분석』. 서울: 외교안보연구원, 2006.12.26.

Ash, Robert F. "China's Regional Economies and the Asian Region: Building Interdependent Linkages." In David Shambaugh, ed. *Power Shift: China and Asia's New Dynamics.* Berkeley: University of California Press, 2005, pp.96-134.

Chambers, Michael R. "Rising China: The Search for Power and Plenty." In Ashley J. Tellis & Michael Wills, eds. *Strategic Asia 2006-2007: Trade, Interdependence and Security.* Washington D.C.: NBR, 2006, pp.65-103.

Copeland, Dale. "Economic Interdependence and the Future of US-Chinese Relations." In G. John Ikenberry & Michael Mastanduno, eds. New York: Columbia University Press, 2003, pp.323-352.

Cossa, Ralph. *An East Asian Community and the United States.* Washington D.C.: CSIS, 2008.

Doyle, Michael. "Kant, Liberal Legacies, and Foreign Affairs." *Philosophy & Public Affairs,* vol.12, no.3-4(1983).

Gilpin, Robert. *US Power and the Multinational Corporation.* New York: Basic Books, 1975.

Goldstein, Morris. *The Asian Financial Crisis: Causes, Cures, and Systemic Implications.* Washington D.C.: Institute for International Economics, 1998.

Grimes, William W. "East Asian Financial Regionalism in Support of the Global Financial Architecture? The Political Economy of Regional Nesting." *Journal of East Asian Studies* 6(2006).

Hatch, Walter, and Kozo Yamamura. *Asia in Japan's Embrace.* Cambridge: Cambridge University Press, 1996.

Hund, Markus. "ASEAN Plus Three: towards a new age of pan-East Asian regionalism? a skeptic's appraisal." *The Pacific Review,* vol.16, no.3(2003).

Johnston, Alastair Iain. "Is China a Status Quo Power?" *International Security,* vol.27, no.4 (2003).

Kim, Jin-Young. "Financial Cooperation within the ASEAN+3: viability and prospects." In Jehoon Park, T. J. Pempel & Gerard Roland, eds. *Political Economy of Northeast*

Asian Regionalism. Cheltenham, UK: Edward Elgar, 2008.

Lairson, Thomas D., & David Skidmore. *International Political Economy*. Harcourt Brace College Publishers, 1997.

Mitchell, Bernard, and John Ravenhill. "Beyond Product Cycles and Flying Geese: Regionalization, Hierarchy, and the Industrialization of East Asia." *World Politics* 47(1995).

Mochizuki, Mike. "China-Japan Relations: Downward Spirals or a New Equilibrium?" In Shambaugh(2005), pp.135-150.

Peng, Dajin. "Invisible Linkages: a Regional Perspective of East Asian Political Economy." *International Studies Quarterly* 46(2002).

Ravenhill, John. "Regionalism." In J. Ravenhill, ed. *Global Political Economy*, 2nd edition. Oxford: Oxford University Press, 2008, pp.172-209.

Rostow, Walt. *The World Economy*. Austin: University of Texas Press, 1978.

Roubini, Nouriel. "The Decline of the American Empire." In *Nouriel Roubini's Global EconoMonitor*, Aug. 13, 2008. http://www.rgemonitor.com/roubini-monitor/253323 (검색일: 2008년 10.1).

Roy, Denny. "The "China Threat" Issue." *Asian Survey*, vol.36, no.8(1996).

Shambaugh, David. *Power Shift: China and Asia's New Dynamics*. Berkeley: University of California Press, 2005.

Sutter, Robert. "China's Regional Strategy and Why It May Not Be Good for America." in Shambaugh(2005), pp.289-305.

Zhang Yunling, and Tang Shiping. "China's Regional Strategy." In Shambaugh(2005), pp.48-70.

金澤孝彰、"中国経済の発展と外資の役割."『中国経済の勃興とアジアの生産再編』IDE-JETRO アジア経済研究所 研究双書, no.563, pp.25-63.

座間紘一、藤原貞雄.『東アジアの生産ネットワーク』(ミネルヴァ書房, 2002).

『ジェトロセンサー』, 特集 I, アジア国際分業の再編をめぐって, 2002.7, pp.9-21.

丸屋豊二郎、阿部宏忠. "中国の産業発展と海外直接投資."『東アジア国際分業と中国』(ジェトロ, 2002), pp.2-30.

東アジア共同体評議会. "東アジア共同体構想をめぐる中国の動向." 第26回政策本会議, 속

기록, 2008.7.

_____. "東アジア共同体構想と中国・韓国・ASEANの国家戦略." 政策本会議、第4回会合、속
    기록, 2004.10.19.

『일본 경제산업성 백서』, 각 연도.

JETRO White Paper, 각 연도.

『중앙일보』,『조선일보』,『요미우리 신문』,『일본경제신문』, *Financial Times*, 각 호.

제5장

중국의 동아시아 지역전략의 전개*

먼훙화(门洪华)**

I. 머리말

강대국의 부상과 지역전략은 국제관계 연구의 핵심과제 중의 하나이다. 중국의 부상은 세계질서에 영향을 미치는 중요 문제이다. 중국은 동아시아 지역면적의 68%와 인구의 65%를 차지하고 있다. 개혁개방 이후 30년 동안 유지되어 온 9.67%의 연평균 경제성장률이 시사하듯이 중국은 동아시아의 변화를 선도하는 역량을 가지고 있다. 동아시아는 중국의 정치, 안보, 경제이익이 집중된 지역으로 중국의 지속적인 발전의 가장 중요한 무대이며,[1] 동아시아에 기반하는 것은 중국의 현단계 대외전략의

---

* 본문은 저자의 "中国国家社科基金项目"东亚一体化前景问题研究: 地区秩序与中国战略" 阶段性成果"의 일부이다. 본문 내용은 저자가 소속해 있는 기관의 관점을 대표하지는 않는다.
** 중국중앙당교 국제전략연구소 교수(中共中央党校国际战略研究所教授).

중점적인 고려 사항이다.

지연정치(地緣政治)란 대국전략을 계획하는 지리적 좌표로 이해할 수 있다. 글로벌화와 지역일체화의 발전은 서로 모순되는 것은 아니다. 경제지역의 집단화는 객관적으로 유럽, 아태, 북미 3대경제구조를 이루고 있는데, 동아시아는 중국이 위치한 지역협력의 기본근거가 되는 것이다. 통상전체를 도모하지 않는 자는 한 부분도 도모할 자격이 없다는 말이 있듯이 한 부분을 도모하지 않는 자 또한 전체를 도모할 수 없다. 지연정치의 측면에서 보면, 중국은 과거 세계의 중심이 아니었지만 자연적으로 동아시아의 중심이 되어 중아, 남아, 동남아, 동북아 등의 지역과 직접적으로 지연관계가 존재하고 있었다. 지역 내의 위치는 중국의 전략을 모색하는데 장점을 제공하였다. 중국은 아태중심지역에서 세계 최대의 대륙과 해양의 변두리에 위치해 있고, 긴 중위도 해안선을 가지고 있으며, 서태평양의 지리적 장점도 차지하고 있다. 세계의 문명이 유럽에서 아태지역으로 이동하는 과정에서 지정학적인 추세는 중국에게 천시(天時) 및 지리적인 장점을 가져다 주었다. 이 지정학적인 장점으로 중국은 당연히 아태지역을 자기의 전략적 구역(Strategic Zones)으로 간주하고 동아시아를 전략중심으로 간주하여야 한다.

중국은 동아시아 지정학의 핵심에 위치하고 있고, 동아시아 및 아시아태평양, 나아가 세계경제발전의 엔진역할을 하고 있다. 중국의 부상은 동아시아의 전면적인 부상을 이끌고, 동아시아의 전략적 경쟁을 견인하고, 나아가 동아시아 지역의 심도있는 협력을 추진하고 있다. 동아시아는 점차적으로 더욱 큰 영향력과 독자권을 가지게 되리라 전망된다. 2025년 동아시아의 경제규모는 다시 세계경제의 40%를 차지하게 되어, 1820년

---

1) 毛里和子, "東アジア共同体と中国," 載 ≪国際問題≫ 第551号 2006年5月号より, 頁4-14。

대의 중요한 지위를 회복하게 된다.2) 지난 수십 년 아시아 기적의 공로는 동아시아 국가들의 사회 경제발전의 정책에 있지만 동아시아 국가들 간의 적극적인 협력도 큰 역할을 하였다. 동아시아의 다자협력을 추진하는 것은 모든 동아시아 국가의 경제 세계화와 지역일체화의 추세 하에서의 필연적인 양상으로 동아시아 모든 국가의 전략적 이익에 부합된다. 한국 이수성 전 총리는 "각국의 번영은 오직 그가 속해있는 지역의 전체적인 공동번영에서 보장받을 수 있다."3)고 지적한 바가 있다. 동아시아 각국은 향후의 발전은 자신의 정책과 행위에 있다는 것을 의식하고 있다.4) 전면적인 협력이 신속하게 이루어질 수 있고 공동 발전이 동아시아 공동의 이념으로 형성되고 있다.

이 과정에서 중국 부상의 적극적인 효과는 동아시아에서 전면적으로 전개되어야 한다. 람프턴(David M. Lampton)이 지적하듯이 "중국은 이미 지역과 전지구적인 질서과정에서 주도면밀한 계획과 원대한 구상의 참여자이다."5) 샴보(David Shambaugh)는 "양자 혹은 다자의 측면에서 봐도 중국의 외교는 이미 성숙되었고 지역의 국가들로부터 칭찬을 받고 있다. 지역의 각국들은 모두 중국을 사이좋은 이웃, 건설적 동반자관계, 같지 않은 의견을 공손히 들어주는 자 및 위협성이 없는 지역강국으로 생각하고 있는데, 이는 10여 년 전 중국의 이미지와는 현저한 차이가 있는 것이다."6) 로스(Robert Ross)도 중국이 "불안정한 정책을 취하여 지역질서를 변

2) Indermit Gill and Homi Kharas, *An East Asian Renaissance: Ideas for Economic Growth* (New York: The World Bank, 2007), p.2.
3) 李寿成, "希望形成东亚多边安全合作体制," 载 "日本学刊" 2004年 第6期, 第44-47页。
4) Wei Kiat Yip, "Prospects for Closer Economic Integration," *Stanford Journal of East Asian Affairs,* Vol.1, Spring 2001, pp.106-111.
5) David M. Lampton, "China's Growing Power and Influence in Asia: Implications for U.S. Policy," http://www.nixoncenter.org/index.cfm?action=publications, March 28, 2004.
6) David Shambaugh, "China Engages Asia: Reshaping the Regional Order," *International*

화시킬 필요가 없다"7) 고 예측하였다. 이와 동시에 동아시아도 중국 부
상에 대해 적극적인 반응을 보이며 전략방향에서도 중국의 이익과 견해
를 고려하여 중국편향을 시도하고 있다.8) 동아시아 국가들은 중국 부상
과 지역의 미래에 대해 더욱 낙관적인 견해를 가지고 있다. 아차리아
(Amitav Acharya)도 낙관적인 관점에서 "아시아는 더욱더 지역규범, 경제적
인 상호협력과 제도적 연계를 통하여 불안정 요인을 통제하고 있다."9)고
지적한다.

　　다른 한편으로 근대 이후 서구의 동아시아에 대한 영향력 확장과 중국
의 동아시아 영향력의 감소가 병행한 바가 있다. 중국은 외교의 중심을
서구국가와의 교류에 두고 있고, 동아시아 국가들과 충돌이 끊이지 않는
상황에서는 동아시아에서 견고한 국가 간 협력관계를 형성하기 어렵다.
다시 말하면 중국은 오랜 기간 동안 지역(Region)적 차원에서 주변국들과
관계를 맺은 것이 아니고, 양자 간의 차원에서 각국들과 교류를 하여 왔
다.10) 20세기 1990년부터 중국은 비로소 지역의 개념을 수용하고, 전략의

　　　Security, Vol.29, No.3(Winter 2004/2005), pp.64-99. 这一观点与一个世纪之前乃至十数
　　　年前对中国的看法形成了鲜明的对照。一个世纪之前，日本首相大隈重信撰文指出，"中国
　　　大国也，其动必大，一旦乘势，云蒸龙变，岂可测哉?"参见大隈重信：《开国五十年史》，
　　　东京印刷株式会社明治四十二年1909年版，"序"。十数年前，西方社会仍然把中国视为尼
　　　斯湖怪兽：巨大、神秘、力量无比而又行为莫测，即令人可怕又让人着迷。参见门洪华：
　　　《构建中国大战略的框：国家实力、战略观念与国际制度》，北京大学出版社 2005年版，
　　　第4页。

　7) Robert Ross, "The Geography of the Peace: East Asia in the Twenty-First Century,"
　　　International Security, Vol.23, No.4(Spring 2004), pp.81-118.

　8) David Kang, "Getting Asia Wrong: The Need for New Analytical Frameworks,"
　　　International Security, Vol.27, No.4(Spring 2003), pp.57-85; David Kang, "Hierarchy,
　　　Balancing, and Empirical Puzzles in Asian International Relations," *International
　　　Security,* Vol.28, No.3(Winter 2004), pp.99-122.

　9) Amitav Acharya, "Will Asia's Past Be Its Future," *International Security,* Vol.28,
　　　No.3(Winter 2003/2004), pp.149-164.

중심으로 동아시아의 지역공동체 형성을 추진하고 있다. 세계화와 지역
주의 두 추세가 서로 모순되지 않게 하는 것을 기초로 한 것은 중국 고대
의 전략사상에서 체득한 것으로 보인다.[11]

많은 국가들이 지역주의를 미래 국제경쟁력의 기초로 보고 이를 주도
하거나 촉진하고 있다. 중국도 동아시아 협력을 국제전략의 중점으로 간
주하고 강화하는 것은 장기적인 정책으로 봐야 한다. 동아시아 지역협력
의 제도화가 진행되는 과정에서 세계적인 발전 추세와 동아시아 미래 상
황을 어떻게 인식하고 어떠한 지역전략을 추진하는가는 중국의 중대한
전략과제이다.[12] 동아시아 전략의 틀이 중국의 세계전략에서 중요한 표
준과 척도가 될 수 있다.

---

10) Rosemary Foot, "Regionalism in Pacific Region," in Louse Fawcett and Andrew Hurrell (eds.), *Regionalism in World Politics: Regional Organization and International Order* (London: Oxford University Press, 1995), p.239.

11) ≪孫子兵法·九地篇≫ 云, "諸侯之地三屬, 先至而得天下者,為衢地"。

12) 众多学者呼吁加强中国地区战略研究, 可参见: 门洪华, ≪国家主义、地区主义与全球主义兼论中国大战略的谋划≫, 载 ≪开放导报≫ 2005年 第3期, 第23-30页; 胡鞍钢、门洪华, ≪研究中国东亚一体化战略的重要意义≫, 载 ≪国际观察≫ 2005年 第3期, 第26-35页; 唐世平、张洁、曹筱阳, ≪中国的地区研究: 成就、差距和期待≫, 载 ≪世界经济与政治≫ 2005年 第11期, 第7-15页。

II. 세력전이, 패러다임 변화와 중국 국가전략체계

1. 세력전이

2차 대전 후 지역주의는 세계화와 함께 새로운 흐름을 형성하였고, 세계는 깊이 있는 변화의 국면에 들어서게 되었다. 특히 탈냉전 후 자력갱생이 국가의 유일한 선택이 아닌 것으로 간주되었다. 지역주의와 상호공존이 발전의 주류가 되어 지역협력에 융합되는 것이 국가의 필연적인 전략적 선택이 되고 지역주의가 하나의 중요한 권력자원이 되었다.

첫째, 탈냉전 후 세력전이의 새로운 시대에서 미국은 최대의 수혜자로서 군사, 경제, 기술, 문화 등 4개 분야에서 독자적인 우위를 차지하고 있다.[13] 기타 서방국가들은 세력전이의 다른 중요한 수혜자이고, 신흥공업 국가들은 정보기술 혁명의 적극적인 추종자들이며, 중국의 부상은 세계의 주목을 받을 만하다. 세력전이의 과정에서 손실도 있게 되는데, 일부 국가들의 상황은 더욱 악화되고 있으며 실패국가(Failing or Failed States)로 전락한 국가도 있다. 이는 향후 세계가 절실히 관심을 기울여야 하는 중요한 문제이기도 하다.[14]

둘째, 국가집단화(國家集團化)는 2차 대전 후의 점진적인 발전 추세로서 이데올로기의 대립은 미국 주도의 서구 자본주의 진영과 소련 주도의 동유럽 사회주의 진영을 형성하였다. 민족해방운동은 양 진영 사이에서 기

---

13) 门洪华, ≪霸权之翼: 美国国际制度战略≫, 北京大学出版社 2005年版, 第7页; G. John Ikenberry, "American Power and the Empire of Capitalist Democracy," *Review of International Studies*, Vol.27, No.1(2001), pp.191-212.

14) 门洪华, ≪应对国家失败的补救措施 — 兼论中美安全合作的战略性≫, 载 ≪美国研究≫ 2004年 第1期, 第7-32页。

존의 식민지로부터 단결의 길로 나아가게 하였고, 일부 지역(아프리카와 남미 등)에서 초보적인 형태의 국가그룹을 형성하였다. 이러한 추세의 다른 표현형식은 유럽연합이 주도한 지역경제통합의 물결로 지역주의가 점차적으로 국가발전의 모태가 되고, 유럽연합과 함께 북미와 동아시아가 지역 내 경제통합을 발전시키고 있다. 아시아의 지역주의는 동남아국가연합(ASEAN)의 건립과 발전에서 나타나고 있고, 중국의 부상 및 동아시아 국가들의 공동 번영의 전략은 21세기 초에 동아시아 지역통합을 추진하게 되었다. 개방적인 지역주의가 점차적으로 동아시아 협력을 심화하는 공통의 인식으로 형성되었다.

셋째는, 국제제도가 각국의 국제사무를 해결하는 중요한 수단으로 대두되고 있다는 점이다. 국제제도는 원칙, 절차와 규범 등을 의미하며, 강대국이 전략적 이익을 확장하고 약소국이 기본이익을 보호하는 도구역할을 하고 있다는 측면에서 국제제도의 진일보한 측면이 주목을 받게 되었다.

넷째는, 국가의 전통적인 권한이 도전을 받게 되어 많은 국가권력이 민족국가 단위를 넘어서 초국가의 국제조직으로 이전하고 있다. 전통적인 국가권력이 현저히 전 지구적인 차원, 지역적 차원 및 지방적 차원으로 분산되고 있다. 냉전의 해체는 국가, 시장, 및 시민사회 권력의 재분배를 가져왔고, 국가가 더욱 많은 권력을 갖고 있는 것처럼 행위하지는 못하게 되었다.

2. 패러다임 전환?

탈냉전 후 세력전이는 국제사회의 관심을 다양하게 촉발시켰다. 특히, 전 지구적인 문제와 지역문제가 증가하여 국제의사일정의 풍부, 안보개념의 광범위화와 비전통적 안보개념의 등장, 협력 안보개념의 정착 등의 변화가 있었다. 이러한 추세에서 국제관계의 기본적인 패러다임에 거대한 변혁이 일어나고 있다. 거시적인 차원에서 보면, 국제정치란 개념 대신 세계정치라는 표현이 사용되고 국제관계의 내용이 더욱 풍부해지고 있다. 상호의존도가 심화되면서 세계의 개별국가들은 공존공영의 전 지구적 의사(agenda)를 형성하게 되었고 국제관계의 민주화가 총체적으로 진전되고 있다. 국제관계가 전통적인 무정부상태에서 서로 의존하는 상태로 발전하여 탄력성과 포용성이 있게 변화하여 전 지구적인 관리의식을 강화하였다. 중간차원에서 보면 경제세계화와 지역주의화가 강대국의 전략적 구속복(Strategic Straitjackets)이 되었다.

각 국가들이 추구하는 국가이익이 절대적인 것만은 아니며, 더욱더 많은 상대적인 의미가 부여되고 있다. 국가 간의 권력관계도 완전히 제로섬 게임이나 유희가 아니고 긍정적인 효과(Positive Effects)를 가져오는 공영을 추구하고 있다. 국가들의 공동이익에 기초한 협력이 진행되고 이에 따른 새로운 국제질서가 형성되고 있다. 지역적인 차원에서 지역개방주의를 보편적으로 수용하고 지역구조 및 운영체계에 따라 더욱 안전한 질서, 협조, 타협, 및 협력이 강대국이 세계질서 건립에서의 중요한 전략적 요인으로 자리잡고 있다. 미시적인 차원에서 국가 자신의 전략계획이 더욱 본질적인 의미를 갖게 된다. 새로운 국제체계의 형성은 주로 자신의 종합국력의 제고에 의해 형성되는 점을 감안하면 경쟁과 협력이 병존하고 경쟁이 더욱 치열해지는 상황에서 국가의 전략적 이익을 장악하는 것이 관건이다. 특히 생태, 문화 등 소프트 전략 요소가 한층 더 기본적인 가치를 나타내고 있어 국가전략체계의 과학적인 건립은 한 나라의 국가전략의 성숙여부를 판단하는 하나의 중요한 기준이 아닐 수 없다.

지역적인 차원에서 패러다임 변화의 제일 중요한 표현은 지역 내 공동이익의 심화에 기반하는 이익공동체의 건설이다. 세계화와 지역주의화의 충격과 흐름 속에서 국제분업의 깊이와 범위가 지속적으로 확대되고 있다. 세계무역자유화, 금융국제화 및 생산일체화의 파도는 총체적으로 모든 국가들을 하나의 서로 의존하는 전체로 묶어서 복합적으로 상호의존하는 시대로 변화하고 있다. 지속적으로 발생하는 전 지구적인 문제에는 각국의 이익이 긴밀히 연관이 되어 있고, 국제테러주의, 환경악화, 마약교역 등의 문제들은 개별 국가가 독자적으로 해결할 수 있는 사안이 아니라 국제사회의 관련 국가들이 노력하여 해결하여야 할 문제이다. 공동이익과 공동의 위협은 여러 나라가 협력해야 하는 이유이다. 이익공동체는 "잘 살면 같이 잘 살고, 망하면 다 같이 망한다"는 인식을 실천에 옮겨서 규칙화 및 제도화하는 과정이다. 수세기 이래 많은 나라에서 이익공동체 건립을 시도하였는데 그 표현은 전통적인 동맹, 자유무역협정 및 지역화 등이다. 이러한 방식은 전통적인 사고방식의 표현이기도 하고 또 어떤 것은 새로운 추세를 대표하는 것이기도 하다.

　환경보호, 국제조직범죄, 테러주의 등 전 지구적인 재해로 인해 어느 한 나라가 해결할 수 있는 문제가 아닌 것이 더욱더 발생하게 되었고, 이에 상응하는 제도의 건설이 각국의 의사일정에 제출된 상태이다. 공동이익은 지역 내 개별국가들 이익의 융합으로 현재의 이익평형을 유지하자는 것만이 아니다. 공동이익 수요의 만족은 국가 간 협력조건만으로 충분하지 않고 제도화하여 지속성을 고려해야 한다. 따라서 지역 내 협력은 자기중심적이거나 혹은 강제적으로 건립한 지역질서와는 달리 공동으로 참여하고 제도화하는 것을 기초로 한다.[15] 일본 전 부외상 다나카 히토시(田中均)는 다음과 같이 지적한 바 있다 "번영한 동아시아를 건립하려면, 관건은 지역의식을 강화하는 것이다. 그 과정은 공동이익이 있

---

15) 張蘊岭主编, ≪未来10-15年中国在亚太地区面临的国际环境≫, 北京: 中国社会科学出版社 2003年版, 第27页。

는 영역을 확인해야 한다. 예를 들면, 에너지, 환경, 소득격차, 에이즈 및 저작권위반 등 다양한 방면에서 협력을 이룰 수 있을 것이다."16)

3. 중국의 국가전략체계

현재 중국의 평화발전은 국제사회의 적극적인 인정을 받고자 하였고, 주요 국가들의 대중정책 조정을 가져왔다. 글로벌 거버넌스의 발전에 따른 국제체제의 변화는 중국 평화발전 전략에 세계적 차원의 전략공간을 부여하였다. 중국과 국제체계의 상호작용도 양호한 방향으로 진전되고, 국제체계의 많은 새로운 요소들을 중국이 평화발전할 수 있는 진일보한 추진역량으로 우리는 잘 이용하여야 할 것이다. 동시에 아직 공업화, 현대화과정에 있는 중국은 국제체제 변화의 기회를 가져왔을 뿐만 아니라 그 도전과 압력도 상당히 크다. 중국의 기존 전략체계는 변화에 긴급히 대처하는 능력은 있지만 장기적인 계획에 있어서는 부족한 것으로 평가된다. 따라서 국내외 환경의 변화에 따라 과학적인 전략체계를 건립하는 것이 긴요한 중대 과제이다.

경제세계화와 지역주의화가 서로 모순되지 않은 세계정세에서 과학적이고 완벽한 국가전략체계는 국가전략, 글로벌전략, 지역전략 등의 세 가지 측면이 서로 보완되어야 한다.

국가전략은 국가전략체계의 기초이다. 국가전략은 기본적인 국가정세를 기초로 국내전략구성을 완비하는 것이 핵심목표이다. 국가전략은 부민강국을 기본적으로 추구하며, 그 기본함의는 민본사상에 기초하여 국

---

16) Hitoshi Tanaka, "How Japan Deals with Its Neighbors?" *Financial Times*, April 16, 2007.

민을 위해 복리를 추구하는 것이다. 국가전략자원과 종합국력의 증강을 확보하기 위하여 현대국가제도건설을 완비하고 정치청명, 사회 조화, 법제완비, 문화번영, 생태평형을 목표지향으로 하고 있다. 한 나라가 획기적인 발전을 실현하기 위하여는 쇄국만 할 수 없고 개방은 국가전략의 기초요소가 된다. 우리는 국내개방을 대외개방의 기초로 간주하고 대내개방을 목표로 실현하여야 한다.

글로벌전략은 국가전략체계의 거시적인 시야를 반영한다. 글로벌화는 막을 수 없는 세계발전추세로 세계에 거대한 발전기회를 주는 동시에 경제와 사회안정에 도전과 위기를 가져오기도 한다. 그러나 발전을 하기 위해서는 경제세계화가 제공하는 기회를 포착할 수밖에 없다. 개별 국가들은 국내정세와 국가이익의 수요에 근거하여 적합한 글로벌전략을 짜고, 발전할 수 있는 기회를 잡아 글로벌화에 참여하여 이익을 배당받고 동시에 그 위험을 방지하여야 한다. 이와 동시에 글로벌화는 전 지구적인 관리를 촉진하고 있어 구속력있는 국제제도를 통해 전 지구적인 생태, 인권, 이민, 마약, 밀수, 전염병 등 문제를 해결해야 한다. 글로벌 거버넌스는 국제사회의 하나의 실질적인 수요로서 민주, 공정, 투명 및 평등한 글로벌 거버넌스를 의미하며 국제사회의 도의적인 역량이 존재하는 곳이다.17) 한 나라의 글로벌 전략은 참여와 공유를 기본요구로, 동시에 국제책임과 의무를 적극적으로 부담하여야 할 것이다.

지역전략은 국가전략체계의 지역적 차원의 위탁이다. 역사적인 차원에서 보면 진정한 세계대국은 모두 자기가 소재한 지역 내에서 점차적으로 주도적인 지위를 획득하고 발전한 것이다. 전통적으로 보면 강대국의 지역전략은 국력을 기초로 지역 내 주도지위의 취득을 목표로 하였다. 경제세계화와 지역주의의 추세에서 강대국의 지역전략은 지역 내 공동

---

17) 俞可平, ≪论全球化与国家主权≫, 载 ≪马克思主义与现实≫ 2004年 第1期, 第4-21页。

이익을 추구하며, 개방적 지역주의를 전략도구로 지역 내 국제제도의 건설을 지역협력과 지역 내 질서건설의 특징으로 하고 있다. 따라서 중국의 동아시아 지역전략 연구는 중국의 지리지학(地利之学)이다.

III. 중국과 동아시아관계의 역사적 변화

고대 동아시아 정치, 문화, 경제 등 모든 질서의 주도자로서 중국의 강성함과 개방은 밀접한 관계가 있다. 역사적인 차원에서 보면 동아시아는 고도로 서로 의존하였는데, 정치문화의 연계 등의 긴밀함에 대한 중국의 공헌을 부인할 수 없다. 중국은 자체적인 유구한 문명을 가지고 있고 중화주의 정치질서의 자연적인 확장을 기본 경로로 동아시아에서 자체적인 제국구조 — 조공체계를 형성하였다. 빈하무지(濱下武志)가 지적하듯이 '중국을 핵심으로 전 아시아와 긴밀히 연관이 되어 존재하는 조공관계, 즉 조공무역관계는 아시아에만 존재하는 유일한 역사적 체계이다. 여기에서 출발하여 사고를 하여야만 아시아 역사의 내재적인 연계를 찾아낼 수 있다.'[18]

주변국가들은 정기적으로 조공사절을 파견하여 중국황제에게 신하로 청하고 조공을 바치고 속국이 되었다. 중국은 '효시(诰谕)'를 접수한 각국에 금·은 인장을 수여하고, '계인(勘合符)'을 발급하며 정치적인 승인을 제공하고, 유리한 무역 혜택, 안전보증 등 공공물품을 제공하였다. 이는 유가학설이 중화제국의 대외관계를 처리하면서 형성된 이념원칙과 이상

---

18) 濱下武志, ≪近代中国的国际契机 — 朝贡贸易体系与近代亚洲贸易圈≫, 北京: 中国社会科学出版社 1999年版, 第63页。

의 틀이다. 역외의 조공국들은 기타 별들이 북두칠성을 바라보듯이, 해바라기가 태양을 향하듯이 중화제국을 위주로 움직이고 진보하라는 것이다.

이러한 조공체계는 수직적 체계하에서 평화의 복을 누리고 일종의 중화모델식 국제평화 국면을 유지하는 것, 혹은 중화치하에서의 평화(Pax Sinitica)라 할 수도 있다.[19] 왕티에야(王铁崖) 교수가 지적하듯이 "조공제도의 장기적인 존재는 이 제도가 성공적인 것이라는 것을 증명한다. 조공제도는 무력을 기초로 형성된 제도가 아니었지만 예외적으로 무력을 사용하였고, 중국 또한 계속적으로 불간섭정책과 불통치정책을 펼쳐왔다. 조공제도는 다른 한편으로 쌍방의 관계 속에, 중국을 '중앙국가'로 주변국가들을 조공국으로 하여 각종 이익을 조정하는 것이다."[20] 고대 중국의 인도하에 동아시아가 공동으로 인류역사의 문명시대에 진입하게 되었고 공동으로 일맥상승의 교류관계를 형성하게 되었다. 유가사상을 각자의 전통에 융합함으로써 동아시아 역사에 풍부하고 다채롭게 상용상통하는 다원적인 일체화를 형성하게 되었다.[21]

조공체계는 중화중심주의의 문화질서와 무역교류관계로서 진짜 실력을 배후로 하고 소프트웨어를 창으로 하는 제도적 안배이다. 하나의 동심원식의 등급질서로 조공체계는 내재적인 불평등성이 존재하고 있다. 하지만 문화와 덕을 연마하고 도덕을 중시하고 문화와 경제수단으로 평화적이고 호혜적인 질서 등을 유지하는 전략사상은 보편적인 가치가 있는 것으로 중국과 동아시아관계의 우호적 교류를 위해 적극적인 원천을 제공하였다.

---

19) 何芳川, ≪华夷秩序论≫, 载 ≪北京大学学报≫(哲学社会科学版) 1998年 第6期, 第30-45页; Andrey Kurth and Patrick M. Cronin, "The Realistic Engagement of China," *Washington Quarterly*, Vol.19, No.1(1996), pp.141-169.

20) 王铁崖, ≪中国与国际法历史与当代≫, 载 ≪中国国际法年刊≫ 1991年度, 第18-19页。

21) 张乃和, ≪东亚多元一体论≫, 载 ≪史学集刊≫ 2005年 第2期, 第17-18页。

16세기 이후 중국은 전통 정치제도의 몰락단계에 들어서고 자기봉쇄
및 폐관쇄국을 하기 시작하였다. 19세기 중엽 청왕조(淸王朝)의 광범위하
고 직접적인 자강개혁 정책이 연이어 실패한 후, 서방열강들이 무력으로
일련의 대중국 전쟁을 개시하고 중국의 천하통일 사상을 파괴하여 중국
을 강제적으로 자유무역체계에 들어서게 하였다. 중화제국이 완전히 열
강의 식민지로 전락하고 2000여 년의 화이(華夷)질서가 종막을 고하였다.
그후 중국은 장기적으로 열강의 침략을 받아 영토가 사분오열되고 동아
시아에서 기존 지위의 유지는 더욱 장담할 수 없었다.

동아시아 전통질서의 최종적인 붕괴는 일본의 부상과 침략적 '대동아
공영권'의 추구와 직접적인 연관이 있다. 현재 중일 간의 갈등은 이러한
역사적 뿌리를 가지고 있다. 제2차 세계대전과 냉전체제는 중국과 일본
의 적대적 상태를 해결하지 못하였다. 1945년 일본의 항복은 지역의 화해
와 동아시아의 융합을 가져오지 못하였고, 일본 국내에서도 일본제국이
행한 범죄에 대해 보편적이고 심각한 인식을 가져오지 못하였다.[22] 2차
대전 후 동아시아 지역은 줄곧 냉전의 어둠에 가리어져 있었고, 동아시
아 민족주의 물결에 파묻혀 있었다. 동남아지역과 한반도는 탈식민지화
와 국가재건에 분주하였고 중국도 국내혁명 건설 및 서방봉쇄를 돌파하
는 데 집중하고 있었다. 중국은 외부역량의 견제와 내부결속력의 부족
등으로 동아시아 협력에 있어서는 제한된 역할을 가졌다.

1990년대 이전 동아시아 지역에는 전 지역을 망라하는 경제협력제도
의 틀을 건립하지 못하였고, 일본의 동아시아에 대한 투자가 동아시아의
경제부상의 중요한 동력이 되었다. 동아시아 지역의 경제발전은 현저한
계단식 서열을 나타내고 있고 산업의 이전도 여러 차례의 단계를 거쳤다.

---

22) Minxin Pei, "A Simmering Fire in Asia: Averting Sino-Japanese Strategic Conflict,"
   Policy Brief, Carnegie Endowment for International Peace, No.44, November 2005.

〈그림 1〉 아시아 안행모델

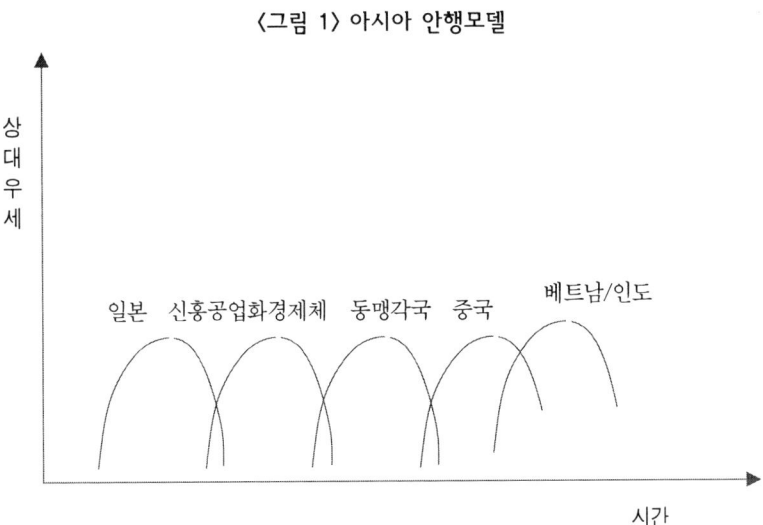

자료출처: 关志雄, ≪亚洲货币一体化研究: 日元区发展趋势≫, 北京: 中国财政经济出版社 2003
年版, 第16页

1960~70년대 일본경제가 중화학 공업 및 첨단기술 산업으로 격상하면서 방직, 비닐, 전자제품, 금속제품 등의 생산을 한국, 싱가포르, 홍콩과 대만 등 아시아의 '4마리 작은 용'으로 이전하였다. 1970년대 말과 1980년대 초 '4마리의 용'이 산업발전을 하면서 경방직, 전자 등 노동집약형 산업을 태국, 말레이시아, 인도네시아, 필리핀 및 중국대륙으로 이전하였다. 그때 마침 중국은 개혁개방정책을 실시하고 있었는데, 경제체제 개혁을 위한 경제특구의 건립, 연해도시 개방 등 대외개방정책을 통해 대대적으로 노동집약적 수출가공업을 발전시켜 국제분업의 위계구조에 편입되었다. 동아시아 국가들의 산업이전은 중국 경제체제 개혁의 난관을 해결하는 데 도움을 주었고, 1990년대에 들어서서 이 산업이전은 베트남, 캄보디아와 미얀마 등 동남아국가에까지 확대되었다. 결국, 일본이 추구하던 안행(雁行)모델의 경제질서를 구성하게 되었고, 일정한 정도에서 일본이

<표 1> 중국 외자기업 투자 출처

(%)

	1998	1999	2000	2001	2002	2003	2004	2005	2006
중국홍콩	40.7	40.6	38.1	35.7	33.9	33.1	31.3	29.8	32.1
중국대만	6.4	6.4	5.6	6.4	7.5	6.3	5.1	3.6	3.4
일본	7.5	7.4	7.2	9.3	7.9	9.4	9.0	10.8	7.3
한국	4.0	3.2	3.7	4.6	5.2	8.4	10.3	9.4	6.2
싱가포르	7.5	6.6	5.3	4.6	4.4	3.8	3.3	3.7	3.6
동아시아	66.1	64.1	59.9	60.5	61.4	61.1	62.0	59.2	52.6

자료: 국가통계국, ≪중국통계년감≫ 2000-2007년

절정에 오른 경제적 우위를 표현하는 것이기도 하였다.

개혁개방 이후 현재까지 동아시아는 줄곧 중국경제 부상 과정에서 투자엔진의 역할을 하여 왔다. 중국의 대외경제활동의 70%는 동아시아에서 진행되었고, 중국에 투자한 외국자본의 85%가 동아시아에서 온 것이었다.[23] 그러나 1990년대 이전 중국의 동아시아 협력에 대한 태도는 소극적이고 지역 내에서 유리되어 있었다. 일부 학자는 중국 정부가 1999년 이전에는 아시아경제와 안보에 대한 체계적인 견해를 발표한 바가 없다고 지적하고 있다.[24] 동아시아에는 지역 내 정부간협력회의가 부재하였고 아시아태평양 협력은 있지만 동아시아 협력은 부재하였고, 시장역량

---

23) 国家发展改革委员会外事司与外经所课题组, ≪中国参与区域经济合作的现状、问题与建议≫, 载 ≪经济研究参考≫ 2004年 第41期, 第24-39页.

24) 庞中英, ≪中国的亚洲战略: 灵活的多边主义≫, 载 ≪世界经济与政治≫ 2001年 第10期, 第30-35页.

〈표 2〉지역 내 무역비중 일람표(1980~2005년)

	동아시아	ASEAN	북미	유럽 15국	유럽 25국	MERSOSUR
1980	35	18	34	61	61	11
1985	37	20	39	60	60	7
1990	43	19	38	66	67	11
1995	52	24	43	64	67	19
2000	52	25	49	62	67	20
2001	52	24	49	62	67	18
2002	54	24	48	63	68	14
2003	55	24	47	63	69	15
2004	55	24	46	62	68	15
2005	55	24	45	62	66	15

주: 여기서 "동아시아"는 ASEAN 10국, 중, 일, 한, 중국홍콩, 중국대만을 포함
자료: IMF, *Direction of Trade Statistics 2006*, CD-ROM

이 동아시아 지역화의 자연발생적인 추진전략이 되었다.[25] 동아시아 지역화는 시장 혹은 투자가 주도하는 단계에 처해 있다. 일본경제의 부흥, '4마리 용' 경제기적과 중국경제 부상은 동아시아발전의 추진역량이 되었지만, 동아시아 경제성장은 개별 국가들의 경제정책과 무역정책에 근거한 것이지, 다자주의적인 경제협력의 산물은 아니었다.

1997년 아시아 금융위기는 동아시아 협력의 촉매제로 작용하였다. 개

---

25) Shujiro Urata, "The Emergence and Proliferation of Free Trade Agreement in East Asia," *The Japanese Economy,* Vol.32, No.2(Summer 2004), pp.5-52.

별국가들은 경제의 지역블록화에 대하여 적극적인 정치적 결정을 하게 되었고, 전통적인 '이웃이면서 구령의 간격을 두는 격'의 전략을 피하고 자 하였다. 지역 내 각국은 적극적으로 협력조치를 취하여 위기에 대처 하였다. 이로써 동아시아 경제의 지역화는 경제와 정치가 모두 가동하는 단계에 진입하게 되었다. 금융위기는 동아시아 국가들이 긴밀한 협력의 중요성을 인식하게 하였고, 여러 조치를 취하여 서로 신뢰하는 제도화의 실현을 도모하기 시작하였다.26) 각국의 무역, 투자, 금융 등 영역에서 협 력과 관련된 중대한 진전이 있었고, 공동으로 경제성장을 나누는 것이 동아시아 지역주의의 주요한 추동력으로 되었다.

2001년 중국의 WTO가입과 함께 제의한 중국의 자유무역지대 건립은 동아시아 지역주의에 새로운 동력을 제공하였고, 동아시아 지역주의가 경제, 정치, 제도, 전략 등의 사륜구동 단계에 진입하였음을 의미한다. 중 국의 자유무역지대 건설은 지역 내 자유무역의 바람을 불러일으켰다. 동 아시아에서 전 지역적 FTA협의는 단기간 내에 체결하기는 어렵다. 그러 나 지역 내 경제통합은 동아시아의 안정과 번영의 기초이다. 나아가 정 치, 안보, 사회, 문화 등 영역의 지역협력을 강화하고, 일부 제도구조는 이미 건립하기 시작하였고 동아시아 공동체이념도 지역협력의 근간으로 받아들여지고 있다. 동아시아 국가들 간의 경쟁은 존재하고 있지만 경쟁 이 반드시 긴장과 위기를 가져오는 것은 아니다.27) 지역 내 국가들이 협 력을 강화하고 더욱 많은 지역의 공공재(Regional Public Goods)를 우호적인

---

26) Masahiro Kawai, "Regional Economic Integration and Cooperation in East Asia," paper prepared for presentation to the Experts' Seminar on the "Impact and Coherence of OECD Country Policies on Asian Developing Economies," the Policy Research Institute of the Japanese Ministry of Finance and the OECD Secretariat, Paris, June 10-11, 2004.

27) Robert Ross, "The Geography of the Peace: East Asia in the Twenty-first Century," pp.81-118.

조건으로 제공함으로써 경쟁 속에서도 협력은 심화되고 있다. 공동이익의 집합과 제도화는 점진적으로 동아시아 협력의 지배적인 요소를 형성하고 있다.

중국의 지역협력에 대한 참여는 점차적으로 형성된 것이다. 탈냉전 후

〈그림 2〉 동아시아 국가의 FTA 체결상황(2008년 6월까지)

	일본	한국	중국	필리핀	인도네시아	말레이시아	태국	싱가포르	브루네이	베트남	라오스	캄보디아	미얀마
일본	■	▲	♂	Ⓡ	Ⓡ	Ⓡ	Ⓡ	Ⓡ	Ⓡ	Ⓡ	Ⓡ	Ⓡ	Ⓡ
한국	▲	■	♂	Ⓡ	Ⓡ	Ⓡ	▲	Ⓡ	Ⓡ	Ⓡ	Ⓡ	Ⓡ	Ⓡ
중국	♂	♂	■	Ⓡ	Ⓡ	Ⓡ	Ⓡ	Ⓡ	Ⓡ	Ⓡ	Ⓡ	Ⓡ	Ⓡ
필리핀	Ⓡ	Ⓡ	Ⓡ	■	Ⓡ	Ⓡ	Ⓡ	Ⓡ	Ⓡ	Ⓡ	Ⓡ	Ⓡ	Ⓡ
인도네시아	Ⓡ	Ⓡ	Ⓡ	Ⓡ	■	Ⓡ	Ⓡ	Ⓡ	Ⓡ	Ⓡ	Ⓡ	Ⓡ	Ⓡ
말레이시아	Ⓡ	Ⓡ	Ⓡ	Ⓡ	Ⓡ	■	Ⓡ	Ⓡ	Ⓡ	Ⓡ	Ⓡ	Ⓡ	Ⓡ
태국	Ⓡ	▲	Ⓡ	Ⓡ	Ⓡ	Ⓡ	■	Ⓡ	Ⓡ	Ⓡ	Ⓡ	Ⓡ	Ⓡ
싱가포르	Ⓡ	Ⓡ	Ⓡ	Ⓡ	Ⓡ	Ⓡ	Ⓡ	■	Ⓡ	Ⓡ	Ⓡ	Ⓡ	Ⓡ
브루네이	Ⓡ	Ⓡ	Ⓡ	Ⓡ	Ⓡ	Ⓡ	Ⓡ	Ⓡ	■	Ⓡ	Ⓡ	Ⓡ	Ⓡ
베트남	Ⓡ	Ⓡ	Ⓡ	Ⓡ	Ⓡ	Ⓡ	Ⓡ	Ⓡ	Ⓡ	■	Ⓡ	Ⓡ	Ⓡ
라오스	Ⓡ	Ⓡ	Ⓡ	Ⓡ	Ⓡ	Ⓡ	Ⓡ	Ⓡ	Ⓡ	Ⓡ	■	Ⓡ	Ⓡ
캄보디아	Ⓡ	Ⓡ	Ⓡ	Ⓡ	Ⓡ	Ⓡ	Ⓡ	Ⓡ	Ⓡ	Ⓡ	Ⓡ	■	Ⓡ
미얀마	Ⓡ	Ⓡ	Ⓡ	Ⓡ	Ⓡ	Ⓡ	Ⓡ	Ⓡ	Ⓡ	Ⓡ	Ⓡ	Ⓡ	■

주: Ⓡ 이미 체결 혹은 실시; ▲ 협상 진행 중; ♂ 고려 중 혹은 연구 진행 중

<표 3> 중국 국가전략체계의 변천(1949~2007년)

시기	국가전략	지역전략	글로벌전략
1949~ 1956년	국민경제회복, 국가기본 제도건설, 신민주주의에서 사회주의로 과도기; 제국주의의 중국에서 특권을 숙청, 국가독립을 수호, 국가통일을 추진, 미국, 대만당국과 군사, 정치, 외교 등 투쟁을 진행	미국의 대중국 포위망과 투쟁, 항미원조, 인도네시아 인민지원 하여 프랑스와 투쟁, 동아시아 민족독립을 지지	'일변도', 소련 및 동유럽 사회주의국가와 관계를 발전, 사회주의진영의 중견 역량으로 성장; 평화공조5 항원칙제출, 민족주의국가와 관계 발전, 아시아/아프리카우호협력을 증진
1957~ 1965년	전면적 사회주의 건설시기진입, 공업체계건립, 농업기본건설을 발전, 국가독립을 수호, 대만문제에서 미국과 계속 투쟁	인도네시아3국 항미구국투쟁을 지지, 조선항미투쟁지지, 아시아국가 간의 선린우호관계를 증진	사회주의진영의 분열, 중소우호관계파열, '두 개 중간지대' 이론 제출, 아시아/아프리카/남미국가, 특히 아시아·아프리카국가를 외교의 중점으로 둠
1966~ 1976년	문화대혁명, 중국이 대동란 시기 진입, 정치생활, 경제생활, 사회생활, 문화생활이 문화 대혁명의 영향을 받음	주변지역의 반패권주의를 지지	중소분열, 양대패권주의 반대, 소련패권주의를 중점타격, 중미관계 정상화 소련패권주의에 반대하는 '一條線' '一大片' 전략 제기, 세계를 3부분으로 나누는 3개 세계 전략사상 제출, 제3세계 반제, 반식민지, 반패권투쟁을 지지, 비동맹운동을 지지
1977~ 1991년	국가경제건설을 중심으로 하는 개혁개방 시기 진입, 국가기본제도 재건, 중국특색사회주의이론 체계정립, 외향성경제발전, 외교 대조정으로 독립자주와 평화 외교정책확립	주변국가와 지역의 경제연계를 강화, 동아시아 경제체산업이전의 기회를 잡아 적극적으로 투자유치	미국등과 외교관계를 수립, 평화외교정책실시, 경제글로벌화에 융합되고 적극적으로 국제조직에 참여 혹은 자리회복, 특히 국제경제조직과의 관계를 강화

| 1992년 ~현재 | 경제건설을 중심원칙을 계속적으로 견지하고 사회주의 시장경제체제를 건립하고 완비하며 중국특색의 사회주의 이론체계를 진일보로 탐구하고 완비하는 것, 국내경제구조를 완비하고 국내시장의 통일에 노력하고, 전면적으로 소강사회를 건설하고 사회조화를 추진 | 1990년대 중반부터 적극적으로 지역일체화에 융합되고 동아시아지역주의를 대외개방의 지역전략의 기초로 간주, 동아시아국가와 공동이익을 방향으로하는 전략협력관계를 달성, 동아시아국가의 자유무역건설에 노력하고, 주도적으로 동아시아일체화의 제도건설을 추진 | 평화발전의 전략노선을 확립, '강대국은 관건, 주변국은 우선, 발전중국가는 기초, 다자주의무대'의 총체전략구조를 확립, 진일보하게 경제글로벌화에 융합되고 전면적으로 국제사회에 참여하여 호혜공영을 추구, 적극적으로 전지구적 공공재를 제공하고 적극적이고 건설적이며 예측가능한 국제적이미지를 수립한다 |

자료출처: 한넘용주 편, <당대중국외교>, 북경, 중국사회과학출판사, 1987년판; 배건장 주편, <중화인민공화국외교사 제1권(19490-1956)>, 북경, 세계지식출판사, 1994년판; 왕태평 주편, <중화인민공화국외교사 제2권(1957-1969)>, 북경, 세계지식출판사, 1998년판; 왕태평 주편, <중화인민공화국외교사 제3권(1970-1978)>, 북경, 세계지식출판사, 1999년판; 문홍화, <중국대전략의틀을건립: 국가실력, 전략관념과 국제제도>, 북경대학출판사, 2005년판 등

중국과 주변국가, 특히 동남아국가와의 관계는 급속히 정상화되었고, 경제세계화의 신속한 발전이 이러한 변화를 이끈 역사적 배경이다. 중국과 주변국가들과의 긴밀한 상호작용과 동아시아 금융위기는 지역협력을 추진할 수 있는 계기와 동력을 제공하였다. 중국공산당 제16차 대회에서는 선린우호관계와 지역협력을 강화하는 것에 관한 보고서가 제출되었다. '지역협력'이란 표현이 처음으로 당의 대표대회 정치보고에 등장하였고 처음으로 양자관계와 함께 중시되었다. 그후 중국은 지역협력과 교류를 아시아공영의 효과적인 방법으로 인식하고, 적극적으로 새로운 협력방식을 모색하고 있다. 경제적인 측면에서 중국은 자유무역지대를 건립하고, '10+3 방식'이 동아시아 협력의 주요한 경로임을 강조하며, 이 기초

에서 점진적으로 지역경제, 무역, 투자, 안보에 관한 협력의 틀을 건설해
야 한다고 주장하고 있다.

안보적인 측면에서 상하이 협력기구는 하나의 유용한 사례가 될 수 있
는데, 중국은 관련국가들과 비전통적인 안보영역에서 협력을 강조하고
있다. 군사적인 측면에서 중국은 적극적으로 주요 국가들과의 협력을 확
장하고 있으며, 반테러, 대량살상무기 확산방지, 공동군사연습 등의 방면
에서 이례적으로 적극적인 태도를 보이고 있다. 중국의 지역협력에 대한
적극적인 노력은 지역 내 국가들과 중국발전 경험과 성과에 대한 공유를
촉진하고, 중국의 의제제기 능력도 향상시켰으며, 중국의 동아시아에서
전략적 지위도 제고하였다. 중국과 동아시아는 공동 손실과 공동 이익의
시대로 진입하였다. 지역전략의 형성과 완성으로 중국 국가전략체계도
점차적으로 모양을 갖추게 되었다.

IV. 중국 부상의 동아시아 효과

2차 대전 후 현재까지 동아시아 지역은 연쇄적인 경제발전을 경험하
고 있다. 일본, 동아시아 4마리의 용(한국, 싱가포르, 홍콩, 대만), 그리고 중
국은 동아시아 경제발전을 이끄는 강력한 동력의 역할을 하여 동아시아
가 세계에서 가장 발전속도가 빠르고 개방된 경제지역이 되게 하였다.
특히 중국 부상의 지역효과가 지속적으로 작용하여 동아시아는 신속히
금융위기에서 회복되어 새로운 경제부흥시대로 접어들게 되었다. 동아
시아는 경제세계화의 영향을 받기도 하지만 지역 내 경제통합의 틀로서
작용하기도 한다. 지역 내 무역비중의 증가와 자유무역 협상이 활발히
진행되고 있는 가운데 중국은 동아시아 지역주의의 핵심적인 행위자이

다. 동아시아 지역주의의 가장 중요한 행위자로서 중국 부상의 전략효과
는 현재 전면적으로 전개되고 있다.

1. 중국의 동아시아에 대한 공헌과 발전 기회

중국은 동아시아 지역에 거대한 시장을 제공하여 주변국가들이 수혜
자가 되게 하였다. 특히 1960년대에서부터 현재까지 안행모델은 동아시
아에서 산업이전의 양상을 잘 나타내어 준다. 중국이 동아시아 산업이전
의 사슬에 진입한 이래 중국은 동아시아에 산업이전을 가속화시키고 산
업구조의 발전에 적극적인 역할을 하였다. 일본 및 아시아 4마리 용 등
다른 국가들에게 거대한 시장공간과 발전의 기회를 제공하였다. 중국은
아시아지역에서 지속적으로 가속화하고 있는 경제조정과정에서 결정적
인 역할을 하였다. WTO가입 전 중국의 아시아지역에서의 수출액과 수입
액은 제2위를 차지하여 일본의 뒤를 이었지만, 일본이 아시아에서 차지
하는 비중과 비교할 경우 많은 차이를 보이고 있다. WTO가입 후 중국은
2002년 아세안국가들과 자유무역협정에 합의하고 '조기자유화' 관세 삭
감 협의를 실시하여 관세를 한층 더 인하하였다.

2004년까지 중국의 수출입액은 아시아에서 제1위를 차지하였고, 아시
아지역 상품무역 수출입총액의 25.2%와 24.8%를 차지하여 아시아지역
무역성장의 실질적인 견인차 역할을 하였다. 중국은 동아시아 지역 내부
의 무역을 주도하고 있다. 아시아개발은행의 통계에 의하면 2005년 동아
시아 역내 무역의 비중은 총무역량의 54.5%를 차지하여 북미자유무역지
대(45.0%)를 초과했고 유럽(66.2%)보다는 낮았다.[28] 근래에 중국도 아시아

---

28) Pradumna B. Rana, *Economic Integration in East Asia: Trends, Prospects, and a*

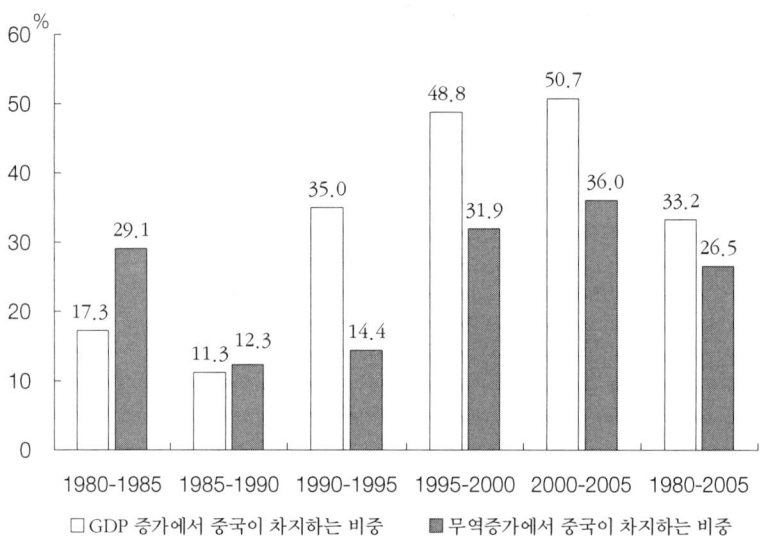

〈그림 3〉 중국의 대동아시아 GDP와 무역에의 공헌(1980~2005년)

□ GDP 증가에서 중국이 차지하는 비중　■ 무역증가에서 중국이 차지하는 비중

주: GDP는 2000년 불변가격에 따라 계산
자료: 세계은행데이터뱅크, http://devdata.worldbank.org/query/default.htm

지역의 새로운 투자자가 되었는데, 2005년 말까지 중국의 아시아지역에 대한 직접투자액이 총 406억 달러에 도달하였다.

　동아시아 지역에서 양자간 혹은 다자간의 무역협정과 중국의 성장으로 지역 내 국가들은 많은 이익을 향유할 수 있었고, 동아시아 지역의 경제통합과정이 심화되면서 경쟁력과 장기적인 발전잠재력을 증대시켰다. 중국은 주변의 상이한 발전수준의 경제단위체인 국가들과 고도의 긴밀하고 상호의존적인 관계를 유지하고 있다. 상이한 발전단계에 있는 경제단위체도 중국의 WTO가입과 경제부상의 역사적 기회에서 거대한 외부동력을 얻었다. 이러한 평화적인 발전, 협력발전, 조화발전의 추세는

Possible Roadmap, ADB Working Paper, July 2006.

이미 지역 내의 자원의 흐름, 투자의 흐름 및 생산구조와 무역관계에 영향을 주고 더욱 많은 국가를 견인하여 유럽연합과 북미자유무역지대의 지역주의와는 다른 방식으로 공동의 번영을 실현하게 하였다.

WTO가입 후 5년 동안 중국의 신속한 발전은 주변국가의 번영을 이끌었고, 주변 국가들의 중국에 대한 인정도도 점점 높아가고 있으며, 중국도 동아시아 지역에서 더욱 적극적이고 책임있는 지역대국의 역할을 하고 있다. 하나의 복합적이고 상호의존적인 공존공영의 의식과 협력구조(Complex Interdependence)가 이미 동아시아에서 건설되고 있다.

2. 중국과 동아시아 경제무역관계

중국과 동아시아의 포괄적인 협력관계가 증대되면서 오스트레일리아, 뉴질랜드 및 인도 등의 국가들도 동아시아에 참여하려고 하여 동아시아의 지리적 범위가 확대되는 효과도 발생하고 있다. 중국의 주변에는 26개의 경제체가 있다. 1995년 중국은 4개 경제체의 제1의 무역동반자로, 3개 경제체의 제2의 무역동반자로, 5개 경제체의 제3의 무역동반자가 되었다. 2005년 중국은 10개 경제체의 제1의 무역동반자, 6개 경제체의 제2의 무역동반자와 5개 경제체의 제3의 무역동반자가 되었다.

이와 대조적으로 1995년 미국은 마카오, 인도, 일본, 한국, 파키스탄, 필리핀, 싱가포르, 대만 등 8개 경제체에게 제1의 무역동반자, 2000년에는 캄보디아, 마카오, 말레이시아, 인도, 일본, 한국, 파키스탄, 필리핀, 싱가포르, 대만 등 10개 경제체의 제1의 무역동반자, 2005년에는 캄보디아, 인도, 파키스탄, 필리핀 등 4개 경제체의 제1의 무역동반자였다. 1995년 일본은 아프가니스탄, 브루나이, 인도네시아, 말레이시아, 북한, 태국, 베트남 등 7개 경제체의 제1의 무역동반자, 2005년에는 브루나이, 인도네시

〈표 4〉 중국과 26개 주변국가들과의 무역관계(1995~2005년)

	1995		2000		2005	
제1무역 동반자	1	홍콩	3	몽골, 홍콩, 북한	9	홍콩, 마카오, 대만, 몽골, 북한, 한국, 일본, 키르기스, 베트남
제2무역 동반자	9	아프가니스탄, 마카오, 카자흐, 키르기스, 일본, 몽골, 대만, 북한, 미얀마	6	일본, 마카오, 대만, 파키스탄, 미얀마, 라오스	7	카자흐, 인도, 라오스, 미얀마, 파키스탄, 필리핀, 러시아
제3무역 동반자	1	한국	7	카자흐, 한국, 키르기스, 네팔, 러시아, 타지크, 베트남	5	싱가포르, 말레이시아, 네팔, 카자흐, 태국
합계	11		16		21	

데이터 출처: IMF, *Direction of Trade Statistics 2006,* CD-ROM

아, 태국 3개 경제체의 제1의 무역동반자였다.

중국은 세계경제의 '엔진,' 지역 내 거시경제의 '안정제,' 동아시아 지역경제 통합의 '가속기' 역할을 하였다. 주변국가들은 중국에 대한 무역의존도가 점점 증가하고 있고, 일본과 미국에 대한 무역의존도는 감소하고 있어서, 중국의 지역 경제무역에서의 주도적인 지위가 이미 상당한 정도로 확립되었다고 하겠다.

3. 중국의 지역전략 조정 현황

탈냉전 이후 많은 학자들이 아시아의 미래에 대해 비관적인 태도를 가지면서 전망하기를 아시아는 반드시 쟁탈의 장소가 될 것인데 그 주요이유는 중국이 현상타파적인 국가로 전환할 것이라는 예측때문이었다.[29] 그러나 중국과 동아시아의 이웃국가들은 지역주의 전략노선에 합의하는 것을 통해 이러한 근심을 완화시켰다.[30]

중국은 적극적으로 일련의 협력원칙과 공동의식에 기초한 다자주의 제도에 참여하였다. 이러한 제도는 구성원국가들의 안보수요를 완전히 만족시킬 수는 없지만, 적도 없고 친구도 없는 국가 간의 관계를 증진하는 데는 매우 적합했다. 다자주의 제도는 중국과 그 이웃국가들에게 잠재적인 충돌을 완화하는 평화공존의 제도를 제공하였다. 다자주의제도에 대하여 소극적이었던 중국의 태도를 변화시키면서 제도화와 협력의 경험을 제공하였다.'[31] 중국은 동아시아 지역 제도 건설자 중의 한 국가이다. 서로 접촉하는 과정에서 중국은 동아시아에서 책임을 질 수 있는 이해관계가 있는 국가가 되었다.

---

29) Aaron L. Friedberg, "Ripe for Rivalry: Prospects for Peace in a Multipolar Asia," *International Security,* Vol.18, No.3, Winter 1993/1994, pp.5-33; Gerald Segal, "East Asia and the Containment of China," *International Security,* Vol.20, No.4(Spring 1996), pp.107-135; Charles A. Kupchan, "After Pax Americana: Benign Power, Regional Integration, and the Sources of Stable Multipolority," *International Security,* Vol.23, No.2(Fall 1998), pp.62-66; Alastair Iain Johnston, "Is China a Status Quo Power?" *International Security,* Vol.27, No.4(Spring 2003), pp.5-56.

30) 郭清水, 《中国参与东盟主导的地区机制的利益分析》, 载 《世界经济与政治》 2004年 第9期, 第53-59页。

31) Michael Yahuda, "The Evolving Asian Order," in David Shambaugh (ed.), *Power Shift: China and Asia's New Dynamics* (Berkley: University of California Press, 2005), p.347.

지역주의화 과정에서 중국은 지역 내 국가들과 공동이익을 기초로 전략조정을 진행하여 건설적으로 협력하였다. 특히 중국은 동아시아 구조의 현실을 이해하고, 상호신뢰를 증진하며, 지역주의 과정의 성공을 위해서 아세안 국가들이 제기하였던 동아시아 정상회담 모델, 중국의 리더십 역할 및 개방적 지역주의의 입장을 표명하였다.[32] 중국은 공동이익의 기초에서 상호신뢰제도를 건립하고 전략협력제도를 통해 공동안보를 쟁취하며 우호협상을 통해 평화적으로 분쟁을 해결할 것을 제안하였다. 공동이익의 기초에서 세계의 다양성을 승인하고 존중하며, 상이한 문명, 서로 다른 문화배경의 국가와 민족들이 화목하게 관계를 유지할 것을 강조하였다. 공동이익의 기초에서 차이점도 인정하며, 국제정치 민주화의 발전과정에서 세계와 지역평화와 관련되는 중요한 문제의 해결을 통해 '공동이익, 공존, 공동 발전, 공동안보'를 추구하는 것이다.[33]

총체적으로 보면 중국의 동아시아 지역전략은 적극적인 효과를 거두었지만, 중국이 국제제도 참여 경험의 부족으로 인하여 강대국의 역할을 어떻게 발휘하는가에 대한 이해가 필요한 실정이다. 지역경제 일체화를 추진하고 각종 양자 간의 협력에서 주도성이 부족한 측면도 있는데[34] 특히 동아시아자유무역지대의 추진에 있어서 총체적 전략구조와 노선설계가 부족하다.

32) 秦亚青, 魏玲, ≪结构、进程与权力的社会化 —— 中国与东亚地区合作≫, 载 ≪世界经济与政治≫ 2007年 第3期, 第7-15页。

33) 黄仁伟, ≪新安全观与东亚地区合作机制≫, 载 ≪世界经济研究≫ 2002年增刊, 第24-29页。

34) 赵英, 李海舰, ≪大开放背景下的中国经济安全≫, 载 ≪中国与世界观察≫ 2006年 第3期, 第45-54页。

V. 향후10〜15년 중국의 동아시아 전략구조

  향후 10~15년은 중국이 전면적으로 소강사회를 건설하고 중화민족의 위대한 부흥을 실현하는 관건적인 시기이며, 이러한 과정에서 중국의 동아시아전략은 중요한 역할을 할 것이다. 우리는 중국이 개방의 기초에서 공동으로 이익이 되고 공동으로 번영하는 동아시아 지역전략구조를 확립해야 한다고 생각한다. 여기에는 구체적으로 개방적 지역주의에 기초한 전략의 새노선의 확립, 중국의 국가전략체계 완비, 동아시아 이익공동체 창설 등의 내용들이 포함된다.

1. 공동이익을 기초로 동아시아 이익공동체 창설

  '공동이익'이란 용어는 1997년 9월에 처음으로 중국공산당의 보고에 등장하였다. 중국공산당 15차 대회에서 선진국과 <공동이익이 되는 접합점을 찾아야 한다>는 보고서가 제출되었고, 16차 대회의 보고에서는 "선진국가와의 공동이익을 확대하여야 한다"고 강조되었다. 16차 대회 이후 중국공산당 중앙위원회에서는 이 전략사상을 발전시켜 "발전도상국가들과의 공동이익을 유지하고 발전하여야 한다"고 강조하였다. 17차 대회의 보고에서 "여러 방면 이익의 취합점을 확대하여 본국의 발전을 실현하는 동시에 상대방, 특히 발전도상국가의 정당한 관심도 함께 고려하여야 한다"고 제출하였다. 공동이익은 국가이익과 국제이익이 서로 결합하는 필연적인 요구이고 중국전략 최적화의 주요한 방향을 대변하고 있다. 중국의 동아시아 지역협력에 진일보한 순응과 중국의 지역영향력 증대에 따라 지역 내 공동이익을 추구하고 확대하는 전략적 필요와 동아시아 이익공동체를 창설하는 기본조건도 한창 성숙되어 가고 있다.

〈표 5〉 동아시아 각국의 공동이익에 기초한 전략구조

	국가차원	양자차원	지역차원	글로벌차원
정치	동아시아 각국이 '하나의 중국정책' 견지	고위층 대화와 정기적 상호 방문 제도 수립	정치대화와 협조 강화, 개방지역주의 견지	협상 강화, 전 지구적 사안의 처리에 있어서 건설적인 역할 발휘
안보	중일 모두 평화적 발전노선 견지	전략대화 유지 및 강화, 군사교류 강화, 안보대화 수립	공동으로 북한핵 문제 등 지역 중요 문제 해결, 지역충돌 예방	비전통적인 안보 문제 대비를 위한 협력
경제		경제무역관계의 우호적 발전, 경제 공동이익 확대	지역의 거시경제 번영과 금융의 안정성을 추구	세계경제안보태세 유지
문화		문화, 학술교류 강화, 문화다양성 존중	문화, 학술교류 강화, 문화다양성 존중	문화, 학술교류 강화, 세계의 문화번영을 촉진
사회		관광 등 민간교류 촉진과 청년 간의 교류제도 강화	민간교류를 촉진하고 청년 간의 교류제도를 강화	민간교류를 촉진하고 청년 간의 교류제도를 강화

　　이상 동아시아 공동이익의 전략구조는 하나의 이상적인 모델(Ideal Type)로 지역관계의 심화에 따라 조정하고 확대하여야 할 것이다. 다시 말하면 우리가 동아시아 공동이익을 분석할때 구조도 주목해야 하지만 그 진척의 정도 또한 주목해야 할 것이다. 구조적 공동이익은 동아시아관계의 기초이고, 그 진척성은 미래에 더욱 중요한 역할을 할 것이다. 이상 동아시아 공동이익의 전략구조에서 국내와 양자 간의 차원은 상호간 호혜의 의의를 표현하고 있다. 지역차원에서 동아시아 공동이익은 호혜이익으로 나타날 뿐만 아니라 더욱 중요한 것은 공동위협과 잠재위협에 공동으로

대응하는 데 있다. 글로벌차원은 세계 3대 경제지역의 하나로서 동아시아 국가의 전략적 시야를 동아시아에 국한된 것이 아니라, 전 지구적 이익을 전략적 고려에 포함시킬 것이다.

2. 중국 국가전략체계의 완비

과학적이고 완전한 국가전략체계 구축의 기본원칙은 바로 '하늘(天時), 땅(地利), 사람(人和)'이다. 현재 중국 입장에서 최대의 '천시'는 글로벌경제화이다. 중국은 현재 국제체제에 통합되고 국제제도의 적극적인 참여자가 되어 국제문제 해결의 중요한 조력자가 되고 있다. 중국 최대의 '지리'는 동아시아 지역주의로 중국에게 지역협력의 주요한 동인이 되었다. 중국 최대의 '인화'는 조화사회 건설로 사람과 자연의 조화, 국내사회의 조화, 대외적인 평화발전, 조화세계의 건설이다. 중국이 가지고 있는 세계적인 차원의 영향력을 고려할때, 동아시아 지역에서 중국의 지위와 역할은 두 말할 필요가 없다.

1) 국가전략의 최적화

국가발전전략은 국가전략체계의 기초이며, 중국은 우선 국내문제에 대한 책임을 지고 조화사회의 이상을 실현하여야 한다는 것을 의미한다. 개혁개방 이래 중국은 경제건설에 중점을 두고 장기적으로 견지하여 왔으며, 경제와 사회의 '이륜구동' 필요성을 강조하였다. 근래에 중국은 생태환경 보호에 더욱 관심을 가지고 있고 적극적으로 중화전통문화의 홍보에 나서고 있다. 이해해야 할 점은 발전단계와 전략의 필요에 따라 중국의 환경과 문화에 대한 관심도는 앞의 두 문제와 다르다. 생태환경은 사람의 기본건강과 직접 관련이 있고, 문화부흥은 국가부상의 근본적 상징으로, 장기적으로 보면 양자의 중요성을 경시할 수는 없다. 적당한 비유는 아니겠지만, 경제발전만 중시한다면 마냥 '외바퀴차를 밀듯이' 속도는 빠르지만 안정되지 않는 상태가 될 것이다. 경제와 사회발전을 동시에 중시하면 '자전거를 타듯이' 자기의 발전노선을 찾기 시작할 것이다. 환경 혹은 문화를 더하면 '삼륜차를 타듯이' 비교적 저속인 상태에서 자신의 기본적인 평형을 찾을 수 있는 상태가 될 것이다. 경제, 사회, 환경, 문화가 모두 합해 서로 보완하고 도와서 발전을 추진한다면 '자동차를 몰듯이' 중국이 평화적인 발전의 고속도로에 진입한 상태에서 우리는 '사륜평형(점차적으로 사륜구동에 도달)'에 이르게 된다. 이것이야 말로 장기적으로 중국이 좋고 빠른 발전을 위한 전략논리를 실현할 수 있는 것이 아닌가 생각된다.

중국은 반드시 국내조건에 의존하여 평화적인 발전정도를 이끌어내고 노력하여 국내문제와 국제사회의 조화로운 발전을 실현하여야 한다. 이러한 과정에서 제일 중요한 요소는 국가통합을 유지하는 것이다. 근래에 중국은 대폭적으로 지역발전전략을 최적화하였다. 중국공산당 17차 대회에서 계속적으로 지역발전의 총체적 전략을 실시할 것을 보고한 바가 있다. 서부대개발의 심도 깊은 추진, 전면적인 동북지역 등의 옛 공업기지 진흥, 중부지역의 부상과 동부지역의 우선적 발전이 공표되었다. 연해지역 개방을 심화하고 내륙개발을 가속화하고 변두리 개방을 제고하여 대내외 개방의 상호추진을 실현한다는 것이다. 중국이 지역발전을 조정하는 핵심목표는 전국적으로 통일된 시장을 창출하고 국가의 경제통일을 실현하는 것이다. 국가경제통일을 핵심으로 하는 국내발전전략 확립은 각종 자원을 충분히 이용하고 분배하는 것을 의미한다.[35] 향후 중국은 일련의 조치를 통해서 지리적 제한과 제도적 장애를 극복하고, 통일

---

35) 门洪华, ≪构建中国大战略的框架: 国家实力、战略观念与国际制度≫, 第122页.

적인 중국 대시장건설에 힘을 기울여 동부가 서부를 이끌고 동중서부가 공동 발전하는 구조를 형성하고자 한다.[36)]

2) 글로벌전략의 심화와 국가이익의 확장 추진

글로벌전략은 국가전략체계의 거시적인 시야를 반영한다. 향후 중국의 글로벌전략은 공동으로 조화세계를 형성하는 것을 기본이념으로 하고 있다. 책임성, 건설성, 예측가능성을 기본 특징으로 나타내고, 대화협상, 협력공영, 구동존이(求同存異), 포용개방 등을 주요 책략으로, 공동이익을 추구하고 확장하려 한다. 우리는 평등한 권리를 쟁취한다는 전제하에서 중국은 전면적인 참여와 공공재 제공을 책임지는 강대국으로 적극적인 역할을 발휘해야 한다고 생각한다. 건설적이고, 책임감 있으며, 예측가능한 국제적인 이미지를 수립하고 공고히 해야 한다고 인식하고 있다.

중국의 글로벌전략의 주요한 특징은 첫째, 전면적으로 글로벌 국제제도에 참여하고 적극적으로 건설적인 역할을 수행한다. 국제제도에서는 국가이익과 국제이익의 결합원칙을 견지한다. 새로운 국제제도 건설 과정에서 전략계획 능력을 향상시켜 반드시 적극적으로 참여하여야 하며, 선진국가들만이 참여하여 창설한 국제제도는 단연코 반대하여야 한다. 둘째, 클럽성격의 국제제도에 참여할 경우 신중을 기해야 한다. 특히 선진국들만 참여하여 형성된 국제제도에 대해서는 동반자, 관찰자 등의 방식으로 참여하고, 발전도상국들의 대변인 역할을 하여야 한다. 셋째, 국가 간의 관계에 있어서 계속적으로 강대국과의 관계가 중요하지만 발전도상국의 역할에 관심을 가지고 여러 국가들과 점차적으로 양자 간의 전략대화를 전개하여야 한다. 계속적으로 주변국들과 관계의 우선적 의의

---

36) 江小娟, ≪理解开放与增长≫, 载 ≪比较≫ 第26辑, 北京: 中信出版社 2006年 9月版, 第1-24页。

를 강조하고 공동이익의 추구와 확장을 주변외교의 핵심내용으로 봐야
한다. 또한 계속적으로 발전도상국 간 관계의 기본적 의의를 강조하고,
중국과 발전도상국 간의 공통성(共通性)을 강조하여, 발전도상국 간의 광
범위한 공동이익과 공동이념을 흔들리지 않는 전략적 선택으로 간주하
고 견지하여야 한다.

　　중국은 미래 글로벌전략 추진 방향과 관련하여, 아래 몇 가지 방면에
힘을 기울여야 할 것이다. 첫째는 전면적으로 국제제도에 참여하고, 적극
적으로 글로벌 거버넌스의 설계에 참여하여, 중국의 세계적 범위에서의
권익을 확보하고 점차적으로 더욱 많은 국제적 의무를 부담하여야 한다.
둘째는 해외로 진출하는 전략('走出去')을 강화하여 전면적으로 농업, 에너
지, 광물 등 자원관련산업과 시장경쟁에 참여하고, 부단히 해외자원을 이
용하는 능력과 수준을 제고하여, 부족한 자원의 다원화, 신뢰할 만한 해
외생산 공급지를 건립하여야 한다. 셋째, 기타 국가와의 공동이익을 확장
하고 중국이 세계이익의 밀접한 위치를 확보하여야 한다. 넷째, 다시 한
번 해외원조가 중국의 대외경제관계 발전과정에서 가지는 역할과 의의
를 심사숙고한 후, 일본·독일 등 정부의 공적 개발원조(ODA)의 경험을
참고하여 대외원조의 제도화를 진행하여야 한다.

3) 지역전략 강화와 동아시아 협력의 전면 추진

　　지역전략은 국가전략체계의 지정학적인 기초이다. 지역전략은 국내전
략과 국제전략의 착안점을 조정하고 국가전략을 실현할 수 있는 중추이
다. 동시에 글로벌전략을 실시하는 방안이고 중국 국가전략체계의 지렛
대 역할을 하고 있다.

　　중국의 동아시아전략은 국제제도 건설을 핵심으로 해야 한다. 세계적
인 차원에서 지역주의의 추세는 특히 제도건설을 기본 특징으로 하고 있
다. 최근 중국은 지역 내의 협력과 제도형성에 적극 참여함으로써 지정

학적 차원의 정치경제적인 이미지를 제고하여 왔다. 중국의 지역협력에 대한 적극적인 관여는 지역 내 국가들과 중국발전의 경험과 성과에 대한 공유를 촉진하였을 뿐만 아니라 의제설정(Agenda-Setting) 능력도 제고시켰다. 지역 내 제도건설을 통해 국가전략목표를 실현하는 것도 하나의 가능한 접근방법이다. 중국의 지역제도 건설전략은 참여, 창설, 주도 등 세 가지 기본방식을 통해 실현하여야 한다. 중국의 국제화과정이 아직 오래되지 않은 점을 감안하면 우선은 참여를 통해 지역주의화에 융합되어야 할 것이다.

1990년대 중반 이후 중국은 우선적으로 중국이 참가할 조건과 자격이 있는 모든 동아시아 다자간 협력제도에 참가하고 적극적인 역할을 하기 시작하였다. 이러한 역할을 통하여 '중국위협론'과 주변국가들의 의문을 해소하는 데 도움이 되었고, 책임지고, 예측가능하며, 건설적인 국제적 이미지를 보여주고, 적극적으로 지역질서 안정에 견고한 기초를 조성하였다. 중국이 주도적으로 다자간 협력제도를 창설한 것은 최근 몇 년 동안 중국이 노력을 기울인 전략 중의 하나이다. 중국의 국력과 국제위신의 제고, 국제사회에의 참여가 증대됨에 따라, 중국의 국제제도에 대한 인식이 점점 깊어지고 주도적으로 국제제도를 창설하여 국가이익을 확장하는 것은 필연적인 전략적 선택이다. 다른 한편으로 동아시아 지역주의는 아직 시작단계에 불과하고, 제도건설도 초창기에 있어 중국은 제도건설 측면에서 커다란 역할을 할 수 있을 것이다. 우리가 건의하고 싶은 것은 중국의 지역제도 건설전략에 다음의 몇 가지 내용을 중시하여야 한다.

첫째는, 계속적으로 중국과 대만(兩岸四地)의 경제적 통합을 진행하여 중국 부상, 동아시아 제도건설의 내재적 기초를 구성하게 한다.

둘째는, 적극적으로 중·일·한 자유무역지대의 건설을 추진하고 동시에 '10+3' 제도 내의 협상과 양자 간 협조를 강화하여 자유무역지대를 통해 중국의 중일화해와 협력을 실현한다.

셋째는, 중국과 아세안의 자유무역지대를 실천의 핵심으로 자유무역지대와 투자를 중단기목표로 수립해야 한다. 아세안의 공동유효특혜관세계획(共同有效优惠关税计划)과 중국-아세안 자유무역지대를 동아시아 자유무역지대와 투자의 기본구조로 하고 '10+3'의 대화제도에 따라 협력일체화로 발전하는 것이다.

넷째는, 동아시아 다자안보협력을 추진하는 것이다. 아세안 국가들과 협력하며, 아세안지역포럼을 기초로 동아시아 안보포럼의 수립을 촉진하는 것이다. 적극적으로 유효한 신뢰구축조치를 통해 동아시아 지역의 정치안보협력제도의 수립을 추진하여, 비전통적 안보영역에서도 전면적으로 동아시아 각국가들과 협력을 하는 것이다.

향후 중국의 지역전략은 다음의 거시적인 차원에서 수행되어야 한다.

첫째, 지역질서건설의 주도권을 장악해야 한다. 동아시아는 전면적인 상호작용의 관계를 하는 시대로 진입하였고, 동아시아 공동체가 동아시아 질서의 원형으로 받아들여지고 있다. 어떻게 안정되고 건설적인 지역질서를 건설할 것인가가 이미 동아시아 각국이 당면한 중요한 전략의제가 되었다. 중국은 당연히 동아시아 질서 건설을 지역전략의 핵심으로 파악하고, 공동이익의 취합과 제도화는 지역질서 건설의 유일한 방안이라는 점을 강조해야 한다.

둘째는, 개방적 지역주의를 하나의 전략도구로 본다. 개방적 지역주의는 동아시아 지역주의의 기본적인 특징으로 일정한 정도에서 중국의 국가이익에 전략적 구속을 받게 되지만, 동시에 지역의 기타 국가들을 구속하는 전략적 도구가 된다. 우리는 변증법의 차원에서 개방적 지역주의의 가치를 중시해야 하고, 중국과 타국을 구속하는 전략적 도구로 인식하여 동아시아 각국의 중국에 대한 전략과 기대를 안정시켜야 한다. 구체적으로 말하면 개방적 지역주의로 동아시아 지역경제의 상호의존을 한층 심화시키고, 중국과 동아시아의 경제적 통합과정을 공고히 함으로써 중국경제가 갖는 주도적 지위의 전략가치를 제고하여야 한다. 개방적 지역주의로 동아시아 정치협력과 안보협력을 촉진하고 적극적으로 중국을 둘러싼 소프트전략의 포위망을 해소하여야 한다. 개방적 지역주의로 더욱 많은 동아시아역량을 끌어들여 대미일동맹의 전략구속에 대응한다.

셋째는, 동아시아의 미래는 중국의 전략적 방향에 결정된다는 것을 굳게 믿으면서 건설적인 태세와 책임지는 태도로 각종 지역 내 협의제도에 참여하고 전면적으로 지역 내 공공재를 제공한다. 그 외에 중국의 지역전략은 동아시아를 핵심으로 하지만 이에 제한되지 않고 다른 기타 지역, 즉 유럽, 남미, 아프리카, 중동 등을 포함한 지역을 지역전략의 시야에 두고 중국의 국가전략이익을 전 세계로 확대하여야 한다.

동아시아 협력과정에서 중국은 반드시 잠재적이고 실질적으로 주도적 역할을 하여야 하고 중점적으로 아래의 미시적인 측면을 처리하여야 한다. 첫째는 지역경제협력과 지역무역자유화, 투자자유화, 금융협력, 에너지협력의 중장기 전략계획의 제정 및 참여에 착수하여야 하고, 둘째는 주변국가, 특히 전략적 지위가 중요하고 자원이 풍부한 국가와의 양자관계를 발전시켜, 우선적으로 무역, 투자, 교통운송의 편리화를 추진해야 한다. 셋째는, 공동이익의 추구와 확대를 통해 진일보로 중일관계를 안정시키고, 넷째는, 전통관계를 이용하여 내륙지역과 주변국가의 통합화과정을 강화해야 한다. 서남지역과 남아시아, 동남아시아의 자원은 비교적 상호보완성이 있고, 생산요소의 조합면에서도 상호보완적이다. 따라서 국제고속도로와 철로의 건설은 중국서남의 화물이 남부 실크로드를 통해 남아시아, 서아시아와 아프리카까지 도달할 수 있게 한다. 동북지역과 일본은 전통적인 경제무역관계가 있어 소프트개발, 기계제조 등의 분야에서 이미 깊은 협력관계를 형성하고 아직도 발전할 수 있는 여지가 존재하고 있다. 다섯째는, 자유무역지대 전략의 총체적인 배치를 실시하여 주변국가와의 자유무역 협의를 강화한다. 중점적으로 오스트레일리아,

한국, 인도 및 러시아와의 자유무역협상을 추진한다. 마지막으로, 총체적인 경제의 개방성이 쌍무무역보다 더 중요하다는 것을 강조하고, 지역주의 추진방면에서 개방성 사고를 유지하고 필요한 양보와 공헌을 하여야 한다. 공동이익의 취합 및 제도화를 통해 안정적이고 건설적인 동아시아 질서를 건설하고 그러한 과정에서 주도적 역할을 한다.

3. 개방적 지역주의에 기초한 전략의 새 노선을 확립

지금까지 동아시아 협력의 기본전략은 엔진역할을 하는 무역, 투자, 금융 등 경제영역에서부터 시작하여 단계적으로 지역 내 경제통합을 실현하는 것이다. 경제적인 영역의 협력은 점차적으로 정치와 안보로 확대될 수 있을 것이다. 상대적으로 공동의 이익을 구하기 용이한 전통적 안보 혹은 비전통적 안보영역의 협력에서 출발하여 점차적으로 동아시아 공동체의 밑그림을 구상하고, 장기적으로 협력의 기초로 되는 사회문화 교류를 적극적으로 추진하는 것이다. 이러한 방식을 통하여 개별국가들의 상호이해를 증진하고 지역과 지역 간의 인정을 추진하는 것이다.

중국의 동아시아전략은 동아시아 지역주의의 기본과정을 진지하게 이해하고 이에 순응해야 한다. 또한 이념개발과 정책개발 등을 통하여 동아시아 협력에 활력을 불어넣어 주어서 동아시아 지역주의를 위한 전략적 효용성을 공고히해야 한다. 구체적으로 중국은 적극적으로 개방적 지역주의 사고에 입각한 신일방주의, 신쌍무주의와 신다자주의를 추진하여야 하고 3자 간의 서로 도움이 되고 협조하는 관계를 형성하여야 한다.

개방적 지역주의는 하나의 경제권과 다양한 문화, 정치, 및 민족이 공존하는 지역에서 공동체를 건립하기 위하여 반드시 거쳐야 하는 길이다.[37] 우리는 중국이 개방주의를 지역협력에서 하나의 기본적 가치관으

로 간주하고 지역개방주의를 통하여 중국과 지역 내외의 국가와 적극적
인 협력을 실현하여야 한다고 인식하고 있다. 구체적으로 보면 미국, 오
스트레일리아, 뉴질랜드 등 지역 외 국가들이 동아시아 지역주의에 관여
하는 것에 대하여 개방적인 태도를 견지하여야 한다. 적극적으로 아시아
태평양 경제협력을 고무하고 제도화에 대해 개방성 태도를 견지하여야
한다. 비동아시아국가의 동아시아 지역주의 관여와 경제무역활동에 대
해 개방적인 태도를 보이고 적극적으로 관련 국가들과 양자 간의 자유무
역협정의 가능성에 대해 논의해야 한다. 지역 내의 국가 간의 활동에 대
해서도 개방적인 태도를 보이고, 지역협력의 우호적인 경쟁을 추진해야
한다. 중국 국경지역의 성(省)과 주변 국가 간의 협력에 대해 적극적인
개방의 태도를 보여 중국 국내의 전면적인 개방을 추진하여야 한다.

　개방적 지역주의의 토대에서 중국은 신일방주의, 신쌍무주의와 신다
자주의를 실현하여야 한다. 대국은 자고로 일방주의의 전통이 있다. 중국
은 과거 동아시아관계를 처리하는 주요한 이념이나 방식에 일방주의적
외교지침이 큰 비중을 차지하였고 다자간 공유의 관념을 형성하지 못하
였다. 신일방주의(Neo-unilateralism)는 일방적인 외교방식을 버리고, 자신의
이익을(특히 비전략적 이익) 양도하는 등 일방적인 원조의 강화를 통해 중
국의 지역 내 이미지를 제고하여 강대국의 품위를 나타내야 할 것이다.

　쌍무주의는 중국전통의 국제협력의 방식이다. 총체적으로 중국의 지
역 내 쌍무주의의 운용은 정치적인 차원에서 행한 것이지 경제적인 고려

---

37) 亚太经合组织(APEC)提出了关于开放地区主义最为经典的论述，最大可能地单边自由化；
　　以最优惠待遇为基础，在地区内部自由化的同时，努力继续对非成员国减少关税壁垒；在
　　互惠的基础上，愿意向非成员国扩展地区自由化；认可任何一个成员国都可以在有条件或
　　无条件的基础上各自把地区自由化的承诺提供给非成员国。APEC, *Achieving the APEC
　　Vision: Free and Open Trade in the Asia Pacific*, Second Report of the Eminent
　　Persons Group, Singapore: Secretariat, Asia Pacific Economic Cooperation, 1994.

에서 행한 것은 아니다.[38) 근래 동아시아는 쌍무주의가 국가 간의 협력을 달성하는 주요한 형식으로 발전하고 있다(특히 미일이 추진하는 양자간의 자유무역협정).[39) 중국은 쌍무주의를 지역 내 다자주의를 보완하는 도구로서 고려하는 것을 포기할 수는 없지만, 경제적 혹은 전략적 이유에서 신쌍무주의(Neo-bilateralism)를 추진하여야 한다. 구체적으로 보면 중국은 응당 적극적으로 한국, 러시아, 인도, 오스트레일리아 등 지역 내외의 국가들과의 양자 간 자유무역협정의 추진을 고려하여야 하고, 안보 및 경제 전략대화를 경로로 일본 등 동아시아 국가들과 더욱 심도있는 양자간의 협력을 진행하여야 한다.

  개혁개방 이래 중국은 다자주의적 국제제도에 참여하는 것을 기본 경로로 다자주의의 중요한 수혜자와 지지자가 되었다.[40) 중국이 국제사회에 편입된 시기가 길지 않은 점을 고려하면 다자주의적 국제제도의 운용에 대해 아직 익숙하지 않다. 중국은 도구적으로 다자주의전략(Instrumental Multilateralism Strategy)을 시행하고 있기에 다자주의적 국제제도를 국가이익을 실현하는 도구로 보고 있다. 근래에 와서 중국은 동아시아 국제제도의 참여와 창설에 있어서 더욱 적극적이고 개방적인 태도를 보이고 있다. 동아시아공동체 청사진의 제출과 함께 동아시아는 지역 제도건설의 새로운 시대를 맞이하게 되었다. 중국이 기존의 국제제도 전략을 반성하고 새로운 다자주의를 추진하는 것이 매우 적당하다. 신다자주의(Neo-

38) Elaine S. Kwei, "Chinese Trade Bilateralism: Politics Still in Command," in Vinod K. Aggarwal and Shujiro Urata (eds.), *Bilateral Trade Agreements in the Asia-Pacific* (New York: Routledge, 2006), p.117, pp.134-135.
39) Vigod Aggarwal and Min Gyo Koo, "The Evolution and Implications of Bilateral Trade Agreements in the Asia-Pacific," in Vinod K. Aggarwal and Shujiro Urata (eds.), *Bilateral Trade Agreements in the Asia-Pacific,* p.280.
40) 门洪华, ≪压力, 认知与国际形象－关于中国参与国际制度战略的历史解释≫, 载 ≪世界经济与政治≫ 2005年 第4期, 第17-22页。

multilateralism)란 원칙적 다자주의와 도구적 다자주의의 결합이다. 다시 말하면 기존의 도구적 다자주의 전략을 버리는 동시에 한층 더 다자주의 국제제도의 전략적 의의와 도덕적 가치를 강조하는 것이다. 중국은 국제제도 건설을 통해 중국의 국가이익을 실현하며, 동아시아의 평화와 번영을 도모할 수 있을 것이다.

[참고문헌]

江小娟. ≪理解开放与增长≫. 载 ≪比较≫ 第26辑. 北京: 中信出版社 2006年 9月版, 第1-24页。

郭清水.≪中国参与东盟主导的地区机制的利益分析≫. 载 ≪世界经济与政治≫. 2004年 第9期, 第53-59页。

唐世平、张洁、曹筱阳. ≪中国的地区研究: 成就、差距和期待≫. 载 ≪世界经济与政治≫. 2005年 第11期, 第7-15页。

李寿成. ≪希望形成东亚多边安全合作体制≫. 载 ≪日本学刊≫. 2004年 第6期, 第44-47页。

毛里和子. "東アジア共同体と中国." 載「国際問題」第551号 2006年5月号より, 頁4-14。

王铁崖. ≪中国与国际法历史与当代≫. 载 ≪中国国际法年刊≫. 1991年度, 第18-19页。

亚太经合组织(APEC)提出了关于开放地区主义最为经典的论述. 最大可能地单边自由化; 以最优惠待遇为基础, 在地区内部自由化的同时, 努力继续对非成员国减少关税壁垒; 在互惠的基础上, 愿意向非成员国扩展地区自由化; 认可任何一个成员国都可以在有条件或无条件的基础上各自把地区自由化的承诺提供给非成员国。APEC. *Achieving the APEC Vision: Free and Open Trade in the Asia Pacific.* Second Report of the Eminent Persons Group. Singapore: Secretariat, Asia Pacific Economic Cooperation, 1994.

秦亚青、魏玲. ≪结构、进程与权力的社会化 — 中国与东亚地区合作≫. 载 ≪世界经济与政治≫. 2007年 第3期, 第7-15页。

众多学者呼吁加强中国地区战略研究. 可参见: 门洪华. ≪国家主义、地区主义与全球主义 — 兼论中国大战略的谋划≫. 载 ≪开放导报≫. 2005年 第3期, 第23-30页.

俞可平. ≪论全球化与国家主权≫. 载 ≪马克思主义与现实≫. 2004年 第1期, 第4-21页。

国家发展改革委员会外事司与外经所课题组. ≪中国参与区域经济合作的现状、问题与建议≫. 载 ≪经济研究参考≫. 2004年 第41期, 第24-39页。

何芳川. ≪华夷秩序论≫. 载 ≪北京大学学报≫(哲学社会科学版) 1998年 第6期, 第30-45页.

胡鞍钢、门洪华. ≪研究中国东亚一体化战略的重要意义≫. 载 ≪国际观察≫. 2005年 第3期,第26-35页.

≪孙子兵法·九地篇≫ 云. "诸侯之地三属,先至而得天下者,为衢地"。

庞中英. ≪中国的亚洲战略: 灵活的多边主义≫. 载 ≪世界经济与政治≫. 2001年 第10期, 第 30-35页。

张乃和. ≪东亚多元一体论≫. 载 ≪史学集刊≫. 2005年 第2期, 第17-18页。

张蕴岭主编. ≪未来10-15年中国在亚太地区面临的国际环境≫. 北京: 中国社会科学出版社 2003年版, 第27页。

滨下武志. ≪近代中国的国际契机—朝贡贸易体系与近代亚洲贸易圈≫. 北京: 中国社会科学 出版社 1999年版, 第63页。

赵英、李海舰. ≪大开放背景下的中国经济安全≫. 载 ≪中国与世界观察≫. 2006年 第3期, 第45-54页。

门洪华. ≪压力、认知与国际形象—关于中国参与国际制度战略的历史解释≫. 载 ≪世界经 济与政治≫. 2005年 第4期, 第17-22页。

_____. ≪霸权之翼: 美国国际制度战略≫. 北京大学出版社 2005年版, 第7页.

_____. ≪应对国家失败的补救措施—兼论中美安全合作的战略性≫. 载 ≪美国研究≫. 2004年 第1期, 第7-32页。

_____. ≪构建中国大战略的框架: 国家实力、战略观念与国际制度≫, 第122页。

黄仁伟. ≪新安全观与东亚地区合作机制≫. 载 ≪世界经济研究≫. 2002年增刊, 第24-29页。

Acharya, Amitav. "Will Asia's Past Be Its Future." *International Security,* Vol.28, No.3 (Winter 2003/2004), pp.149-164.

Aggarwal, Vigod, and Min Gyo Koo. "The Evolution and Implications of Bilateral Trade Agreements in the Asia-Pacific." In Vinod K. Aggarwal and Shujiro Urata (eds.). *Bilateral Trade Agreements in the Asia-Pacific,* p.280.

Foot, Rosemary. "Regionalism in Pacific Region." In Louse Fawcett and Andrew Hurrell (eds.). *Regionalism in World Politics: Regional Organization and International Order.* London: Oxford University Press, 1995, p.239.

Friedberg, Aaron L. "Ripe for Rivalry: Prospects for Peace in a Multipolar Asia." *International Security,* Vol.18, No.3, Winter 1993/1994, pp.5-33.

Gill, Indermit, and Homi Kharas. *An East Asian Renaissance: Ideas for Economic Growth,* New York: The World Bank, 2007, p.2.

Hitoshi Tanaka: "How Japan Deals with Its Neighbors?" *Financial Times,* April 16, 2007.

Ikenberry, G. John. "American Power and the Empire of Capitalist Democracy." *Review of International Studies,* Vol.27, No.1(2001), pp.191-212.

Johnston, Alastair Iain. "Is China a Status Quo Power?" *International Security,* Vol.27, No.4 (Spring 2003), pp.5-56.

Kang, David. "Getting Asia Wrong: The Need for New Analytical Frameworks." *International Security,* Vol.27, No.4(Spring 2003), pp.57-85.

_____. "Hierarchy, Balancing, and Empirical Puzzles in Asian International Relations." *International Security,* Vol.28, No.3(Winter 2004), pp.99-122.

Kawai, Masahiro. "Regional Economic Integration and Cooperation in East Asia." paper prepared for presentation to the Experts' Seminar on the "Impact and Coherence of OECD Country Policies on Asian Developing Economies." the Policy Research Institute of the Japanese Ministry of Finance and the OECD Secretariat, Paris, June 10-11, 2004.

Kupchan, Charles A. "After Pax Americana: Benign Power, Regional Integration, and the Sources of Stable Multipolority." *International Security,* Vol.23, No.2(Fall 1998), pp.62-66.

Kurth, Andrey, and Patrick M. Cronin. "The Realistic Engagement of China." *Washington Quarterly,* Vol.19, No.1(1996), pp.141-169.

Kwei, Elaine S. "Chinese Trade Bilateralism: Politics Still in Command." In Vinod K. Aggarwal and Shujiro Urata (eds.). *Bilateral Trade Agreements in the Asia-Pacific.* New York: Routledge, 2006, p.117, pp.134-135.

Lampton, David M. "China's Growing Power and Influence in Asia: Implications for U.S. Policy." http://www.nixoncenter.org/index.cfm?action=publications, March 28, 2004.

Minxin Pei, "A Simmering Fire in Asia: Averting Sino-Japanese Strategic Conflict." *Policy Brief,* Carnegie Endowment for International Peace, No.44, November 2005.

Rana, Pradumna B. *Economic Integration in East Asia: Trends, Prospects, and a Possible Roadmap,* ADB Working Paper, July 2006.

Ross, Robert. "The Geography of the Peace: East Asia in the Twenty-First Century." *International Security,* Vol.23, No.4(Spring 2004), pp.81-118.

_____. "The Geography of the Peace: East Asia in the Twenty-first Century." pp.81-118.

Segal, Gerald. "East Asia and the Containment of China." *International Security,* Vol.20, No.4(Spring 1996), pp.107-135.

Shambaugh, David. "China Engages Asia: Reshaping the Regional Order." *International Security,* Vol.29, No.3(Winter 2004/2005), pp.64-99. 这一观点与一个世纪之前乃至十数年前对中国的看法形成了鲜明的对照。一个世纪之前．日本首相大隈重信撰文指出．"中国大国也，其动必大，一旦乘势，云蒸龙变，岂可测哉?"参见大隈重信. ≪开国五十年史≫. 东京印刷株式会社明治四十二年1909年版, "序"。十数年前, 西方社会仍然把中国视为尼斯湖怪兽：巨大、神秘、力量无比而又行为莫测, 即令人可怕又让人着迷。参见门洪华. ≪构建中国大战略的框架：国家实力、战略观念与国际制度≫. 北京大学出版社 2005年版, 第4页。

Urata, Shujiro. "The Emergence and Proliferation of Free Trade Agreement in East Asia." *The Japanese Economy,* Vol.32, No.2(Summer 2004), pp.5-52.

Wei Kiat Yip. "Prospects for Closer Economic Integration." *Stanford Journal of East Asian Affairs,* Vol.1, Spring 2001, pp.106-111.

Yahuda, Michael. "The Evolving Asian Order." In David Shambaugh (ed.). *Power Shift: China and Asia's New Dynamics.* Berkley: University of California Press, 2005, p.347.

제6장

중국 FTA: 진전과 전망

피아오광지(朴光姬)*

I. 머리말

2001년 WTO에 가입한 이래, 중국경제의 세계경제로의 통합은 그 깊이와 폭을 점점 더해 가고 있다. WTO의 세계 다자무역협상이 좌절됨에 따라, 세계 경제의 글로벌화와 병행하는 지역경제 통합이 많은 나라들의 중요한 관심을 받게 되었고 그 발전이 가속화되는 추세가 나타났다. 중국은 동아시아 지역 경제의 중요한 구성원으로서 그 지속적이고 빠른 경제성장은 지역경제의 성장을 이끌었을 뿐 아니라 지역의 경제구조와 경제제도에 상응하여 새로운 수요를 창출하였다. 그러므로 중국은 글로벌화에 참여하는 동시에, 점차 지역과의 경제관계 재조정 과정을 가속화하고 있는데, 다범위, 다차원의 FTA(자유무역협정)는 바로 이 과정의 중요한

* 중국사회과학원 아태연구소 연구원(中國社科院亜太硏究所 硏究員).

전략적 선택이다. 그러나 지금까지 중국 정부 차원의 명확하고도 완벽한 FTA 전략은 출현하지 않고 있다.

II. 중국 FTA 진행과정에서 직면한 환경

1. WTO 협상의 좌절

경제 글로벌화에 따라 더욱 많은 나라들이 국제 경제협상에 적극적으로 참여하여 경제 글로벌화가 가져온 이익을 분배하려고 한다. 그러나 150여 개국이 참여한 다자무역협상이 합의를 달성하는 것은 그렇게 쉬운 일이 아닐 것이다. 2006년 7월, WTO 도하라운드의 무기한 중지는 세계경제의 다자무역협력체제가 거대한 도전에 직면했으며, 단시일 내 원래의 계획대로 도하라운드의 목표를 실현하는 것은 비현실적임을 말해준다. WTO가 곤경에 빠진 주요 원인은 다음과 같다.

첫째, WTO회원국들은 일부 부문의 개혁방안에서 의견 대립이 비교적 크며 이익을 통일하기가 어렵다. 예를 들면, 중서부 아프리카 4개국 및 ACP그룹(아프리카연맹, 카리브해와 태평양 도서 몇 개국)과 LDCS(최저개발도상국)는 세계무역체계가 일부 문제[1]에 대해 이중적인 표준을 실행하는 것에 강력한 불만을 표시하였다. 또한, 이로 인해 기타 의제(싱가포르 이슈[2])의 이행에 대해서도 협상 불가능하다는 것을 명확하게 표시했다.

---

1) 목화문제를 들 수 있는데, 서아프리카 4개국이 요구한 목화보조금 취소에 따른 이익보상건에 대해서 어떤 반응도 보이지 않았을 뿐만 아니라 오히려 그들로 하여금 경쟁력이 있는 목화산업 구조조정을 요구하였다.

둘째, 발전도상국들의 협상능력도 꾸준히 향상되었을 뿐만 아니라 서로 단결하여 원칙을 견지하며 이익 보호에 노력한다. 근래 일부 발전도상국들은 WTO의 규칙과 협상노하우에 점차 익숙해져 협상의 관건인 때와 상황에 맞게 과감한 조치를 취할 뿐만 아니라 선진국의 전략 전환에 대해서도 여유있게 대응을 하고 있다. 정치적으로도 적극적으로 협력하여 영향력을 확대하고 기술적인 측면에서도 협상이 전제하는 원칙을 견지하며 자국의 이익보호를 위해 적극 대응하여 주도권을 쥐게 되었다.

셋째, WTO의 정책결정기구 자체도 민주와 투명성이 결여되어 있다. WTO의 정책결정기구의 기본원칙은 평등이다. 이론적으로는 비교적 민주적인 것처럼 보이지만 구체적인 프로그램과 원칙에 있어서 많은 부분이 미비할 뿐만 아니라 투명성도 충분히 보장되어 있지 않다. 이로 인해 각종 모순이 복잡다단하게 나타나 최종적으로 협상의 실패를 초래했다.

넷째, 세계무역기구의 형평성 상실과 실업의 증가로 인해 국제화와 글로벌화 반대의 목소리가 세계 곳곳에서 부단히 일어나고 있다. 심지어 한국과 같은 경우 일부 농민조직은 자국정부의 압력에 대해 과격한 대응방식도 불사하며 농업자유화 협상을 반대했다. '제3세계 네트워크'와 같은 비정부기구들도 발전도상국들의 농업협상을 비롯한 여러 가지 사안에 대해 기술적으로 돕고 있으며 반국제화, 반글로벌화에 적극적인 역할을 하고 있다. 미국은 글로벌화의 최대 수혜국임에도 불구하고 이로 인해 전통산업이 쇠퇴하고 많은 실업을 초래하였고, 서구와 일본도 이런 유사한 상황이 나타났다. 따라서 발전도상국가들 일부 국민들의 반글로

---

2) 싱가포르 이슈는 농업과 함께 도하라운드 칸쿤각료회의의 최대 쟁점이슈였다. 선진국들은 투자, 경쟁, 정부조달투명성, 무역원활화 등 4개의 싱가포르 이슈에 협상개시를 선언해야 한다고 주장한 반면, 개도국들은 이들이 선진국들의 다국적기업들의 영업활동을 보장하기 위해 개도국의 국내제도를 개편시키려는 의도라고 반발하였다(역자주).

벌화의 목소리도 무시할 수 없게 되었다.

위에서 서술한 것들은 어느 것 하나 단기간에 쉽게 해결될 사안들이 아니다. 따라서 미국, 일본, 유럽연합 등 선진국들과 지역연합체들은 WTO 의 다자무역협상에서 떠나 각자의 무역 대상국을 상대로 쌍방향의 FTA 체결을 서두르고 있다.

2. 유럽연합과 NAFTA의 영향

유럽연합과 NAFTA가 지역협력분야에서 올린 성과는 세계 여러 나라들과 중국에 모범을 보여 이들도 지역협력정책을 추진하는 데 크게 기여했다.

유럽연합은 1950년 5월 9일 프랑스 외교부장관 슈망과 장 모네의 제의로 시작하였으며 '유럽 석탄강철공동체'로부터 출발하였다. 그 후 새로운 회원국들의 가입으로 인해 현재(2007년), 유럽연합은 회원국 27개국, 인구 4.9억 명, 경제규모 12.3조 유로(Euro), 전 세계 GDP의 30%를 차지하는 거대한 시장으로 발전하였다. 그 밖에 또 북쪽으로 아이슬란드, 남쪽으로 터키를 포함한 13개 후보국이 가입신청을 해 놓은 상태여서 유럽연합은 날로 확대되고 영향력도 커지고 있다. 유럽연합은 그 통합수준이 가장 진전된 기구로서 전 세계 많은 국가들의 주목을 받고 있다. 미국, 캐나다, 멕시코 간에 이루어진 북미자유무역협정(NAFTA)은 1994년 1월 1일부터 발효되었는데 현재 총 인구가 4.3억에 달하고, 경제규모가 14조 달러를 넘고, 세계 GDP의 33%를 차지하는 가장 큰 자유무역지대를 구성한다. NAFTA는 특히 멕시코가 가입하여 선진국과 발전도상국 간 협력의 성공적인 사례로 되었다.

유럽연합과 NAFTA의 형성과 발전은 지역경제와 세계경제에 중요한 영향을 미쳤다. 우선, 배타적인 지역경제조직으로 지역 내의 경제와 무역의 발전에 크게 기여했다. 자유무역화는 회원국들 간에 존재했던 무역장애요소들을 점차적으로 제거함으로써 생산요소들의 빠른 자유이동을 가져왔고, 자원의 분배와 이용의 합리화와 함께, 규모의 경제 효과로 인해 이익창출에도 크게 이바지했다. 통계에 따르면 유럽연합에서 장애요소들을 제거하고 상품, 서비스, 자본과 노동력의 자유이동을 실행함으로써 3,000억 달러의 이익을 창출했고, 국민총생산액이 5% 증가되었고, 공공비용이 20% 감소했을 뿐만 아니라, 일자리도 200~300만 개 추가로 생겨났다고 한다. NAFTA의 운영도 3국에 많은 이익을 가져다 주었다. 멕시코의 무역수출은 연 20%의 증가율을 보였고, 캐나다는 10%, 미국은 5%의 증가율을 보였다.

자유무역협정은 세계의 상품, 자본, 기술과 노동력의 이동방향을 변화시켰다. 과학기술의 발전과 사용자가 선진국에 집중됨으로써 자본과 기술이 우선 선진국으로 집중되었다가 다시 지역 내 발전도상국으로 확대되는 추세를 보이게 되었다. 역외의 발전도상국으로의 흐름은 상대적으로 제약을 받게 되었다.

3. FTA의 세계영역으로의 발전

유럽연합과 NAFTA의 영향으로 말미암아 세계 기타지역에서도 FTA 추진이 크게 가속화되었다. 자유무역협상이 체결되면 참여국들이 무역창출(혹은 무역전환) 효과와 규모 면에서 수익을 증가시킬 수 있고, 시장경쟁력 향상, 투자확대에 대한 자극을 가져다 줌으로써 경제성장을 가져올 수 있다. WTO의 공식통계에 따르면 2005년 7월까지 WTO 및 WTO의 전신인 GATT에 보고하여 문서화한 자유무역협정은 330개에 달하며, 그

중에 206개는 1995년 1월 WTO 결성 후에 문서화한 것이다. 아시아에서는 근래 'ASEAN+1', 'ASEAN+3'를 핵심으로 한 자유무역협정이 열기를 더해간다. 특히 일본, 한국 등은 주변 및 기타 지역과의 쌍방무역과 다방면 무역협상에 박차를 가하고 있다.

4. 동아시아 지역의 자유무역제도의 결여

전체적으로 보면 동아시아 지역의 경제제도화는 아직 상당히 미비한 편이다. 국제분업의 발전으로 국내외 시장이 긴밀히 연결되어 국제시장의 유기적인 부분으로 통합될 때, '국제통례' 내지 일정한 '제도'가 존재하여 국제거래활동의 편의와 안전을 보장해 주는 것이 필요하다. 눈부시게 발전하는 세계경제 글로벌화와 지역화 과정 중에 유럽연합이나 NAFTA 내의 국가들은 경제활동에서 세계 여타 국가들에 비해 상대적으로 지역 내의 제도적 보호로 유리한 위치에 처해 있다. 그러나 동아시아 지역은 국가들의 역사, 문화, 종교, 정치제도 및 경제발전수준 등의 면에서 큰 차이가 있을 뿐만 아니라 오랜 세월 동안 개방된 지역주의를 보여 왔고 오늘까지 지역 내의 경제제도화가 이루어지지 않았다.

지역제도화 결여는 동아시아 지역의 국가들이 협력하여 글로벌화가 가져온 위험과 충격에 대응할 수 없게 한다. 1997년에 일어난 아시아 금융위기는 아시아에 지역 경제협력체제를 수립하는 데 기폭제가 되었다. 국제경제협력에 참여할 경쟁력 있는 기반을 마련하기 위해 중국은 동아시아 지역의 경제협력기구 설립을 추진하며 아시아지역 여러 경제기구들과 대화와 소통이 필요하다. 특히 정부차원이나 업계, 학계 간의 광범한 교류를 통해 동아시아 지역에 자유무역기구를 수립해야 할 필요성에 대해 공통의 인식을 이루어 내는 것이 필요하다. 중국은 동아시아 지역의 경제무역 현황을 기초로 자유무역지대의 틀과 내용, 추진절차를 기획하고 있다. 동아시아 내에서의 경제협력을 적극적으로 추진하여 최종적으로 동아시아 전체를 망라한 자유무역지대 또는 보다 높은 차원의 경제공동체 수립이라는 장기적 목표를 이루기 위한 기틀을 마련해야 할 것이다.

III. 중국의 FTA 현황

1. 동아시아의 다양한 FTA 조합과 중국의 이익 비교

지역경제 일체화 이론에 따르면 지역 내 자유무역협정을 달성하면 참여한 나라들에게 무역창출(혹은 무역이전)과 규모 면에서 수익을 증대시킬 수 있고, 시장경쟁력 향상과 투자확대의 자극을 통해 경제성장을 가져올 수 있다. FTA의 경제성장 촉진에 대해서 국내외 학자들이 CGE모드 등을 이용한 연구를 통해 상당한 성과를 이루었다.

예를 들면, 일본경제연구센터의 CGE 모드 연구는 6종류의 FTA조합을 가정하였는데, 1) 일본+싱가포르, 2) 일본+싱가포르+한국, 3) 일본+싱가포르+멕시코, 4) 일본+싱가포르+멕시코+한국, 5) 일본+싱가포르+한국+ASEAN+중국, 6) 중국+싱가포르+ASEAN이다. 중국을 포함시키지 않은 1)~4)의 4가지 경우를 볼 때, 조합 1)의 경우 중국의 경제성장률은 0.01%이고, 나머지 세 가지의 경우 중국의 GDP성장률은 하락하거나 변하지 않는다는 것이다.

그중 4)의 경우, 일본의 GDP성장에 대한 영향이 0.18%에 달해 4가지 중에서 제일 높게 나타난 반면 중국의 GDP는 0.03%의 하락을 보여 4가지

중 하락폭이 제일 크게 나타났다. 중국과 일본이 동시에 포함된 모드 5)의 경우, 중국과 일본의 GDP성장폭은 다른 조합보다 모두 높게 나타났고, 일본을 포함하지 않은 모드 6)의 경우 중국의 GDP상승폭은 9.17%로 나타났고, 일본의 GDP성장은 오히려 0.05% 하락하는 것으로 나타났다.

이상의 결과에서 다음과 같은 결론을 얻을 수 있다. 첫째, 만약 중국이 어떤 FTA에도 가입하지 않는다고 가정할 경우, 중국의 GDP는 하락을 보일 것이다. 둘째, 중국이 어떤 FTA에 가입해도 본국의 GDP는 상승하게 된다. 셋째, 중국을 포함한 FTA의 지역이 넓으면 넓을수록 중국의 GDP성장 효과가 더욱 선명하게 나타난다는 것이다.

중국학자가 동아시아 자유무역이 각자의 이익에 미치는 영향을 분석한 결과에 따르면 1) ASEAN+중국, 2) "중국+ASEAN"과 "중국+일본+한국", 3) ASEAN+중국+일본+한국 세 가지 모드 중, 모드 1)과 2)의 경우 일본이 최대 수혜국이 된다. 한국도 수혜국이 되지만 이익의 정도가 다르며, 모드 2)의 경우 이익 수혜가 모드 1)의 경우보다 높게 나타난다. 하지만 중국은 이상 세 가지 모드 모두에서 이익과 손실을 보게 된다. 하지만 모드 2)의 경우 상대적으로 중국에 가져다 주는 손실이 제일 작게 나타난다. 구체적인 산업을 놓고 보면 모드 2)의 경우, 일본의 농산품은 손해를 본다. 농민조직기구가 완벽하게 되어 있는 일본은 오랫동안 농업에 대해 고도의 보호를 해왔다. 그러므로 농업에 큰 타격을 가져다 주는 자유무역협정의 수립은 매우 어려운 현실이다. 한국의 경우 농업과 제조업에 대한 충분한 고려가 있어야 한다. 동아시아 자유무역협정은 한국의 제조업에도 어느 정도 부작용을 가져다 주기 때문이다.

여기서 지적해야 할 것은 이상의 분석은 모두 정적인 상태의 분석결과로서, 투자 증가에 따른 역동적인 효과를 포함하지 않았다는 것이다. FTA를 이루면 중국에 대한 국경을 넘는 직접 투자유치도 확대될 것이고, 이로 인한 투자수요의 확대와 기술의 창출, 구조의 업그레이드 효과는 중국의 경제 성장에 이바지하게 된다. 현실적 선택의 견지에서 볼 때 FTA 협상의 복잡성과 모드 분석 자체가 갖고 있는 제한성으로 말미암아 가상모드 효과는 FTA의 가능성과 경제효과를 예측하는 유일한 근거가 될 수 없다. 그러나 다양한 FTA모드의 비교를 통해 자국경제에 미치는 영향전망을 통하여 국가의 FTA 전략의 단계적 목표를 수립하는 데 참고로 할 수 있다.

2. 중국이 참여하는 FTA의 현황

현재 중국은 아시아, 호주, 라틴아메리카, 유럽, 아프리카의 28개 나라와 지역에서 11개의 무역협정을 체결했거나 협상 중이다.[3] 구체적으로 말하자면 중국대륙과 홍콩·마카오 사이의 "보다 긴밀한 경제무역관계수립을 위한 협상"을 협의하였고 ASEAN, 칠레, 파키스탄, 뉴질랜드와 자유무역 협정을 체결하였으며, 걸프만 6개국, 호주, 싱가포르, 아이슬란드와 자유무역협정을 논의 중이고, 한국, 페루와 자유무역협정을 연구 중이다.

중국이 현재 체결한 FTA를 보자면 아래와 같은 몇 가지 특징이 있다.

첫째, 참여범위가 광범위하다. 위에서 서술하다시피 중국의 FTA는 5대주의 28개 국가와 지역을 망라하고 있고, 동시에 APEC, ASEM, 상하이 협력기구, ASEAN+3(한·중·일), 동아시아 정상회의(East Asia Summit) 등 아시아지역의 협력기구와 포럼에 적극적으로 참여하고 있다.

둘째, 내용이 풍부하다. 중국의 FTA는 내용이 풍부하고 형식이 다양하다. 예를 들자면 중국과 ASEAN의 자유무역협정은 그 내용에 있어서 전

---

3) 为2007年4月的数据。

통적인 상품무역을 훨씬 초월하여 서비스 무역, 투자, 경제협력 등 여러 영역을 포함하고 있다. 추진형식에서는 '조기 자유화' 방식을 채용하여 쌍방이 자유무역의 이익을 보다 일찍 누릴 수 있게 한다. 무역자유화와 시장개방 이외에도 경제무역정책대화, 무역투자편리화, 기술협력 등의 내용이 포함되어 있다. '조기 자유화' 계획의 실시는 중국과 ASEAN회원국에 모두 이익을 가져다 주었다. 중국상무부의 통계에 의하면 2005년 6월까지 중국이 '조기 자유화' 계획으로 인해 ASEAN 회원국에서 수입한 제품들은 가격으로 따지면 11.53억 달러에 달했으며 세금 우대정책으로 얻은 이윤 총액은 10.16억 위안에 달했다. 중국의 다양한 야채와 육류 및 기타 농산품은 세금 우대 조건으로 인한 혜택이 ASEAN 회원국으로 들어가 ASEAN 회원국 국민들에게 실질적인 도움이 되었다.

셋째, 시간이 짧고 경험이 부족하다. 다른 경제기구들과 비교하면 중국의 자유무역협정 수립기간은 상대적으로 짧고, 경험 또한 풍부하지 못하다. 현재까지 세계 주요 경제체제의 선례에 해당하는 협상을 이루지 못했다는 것이다.

IV. 중국이 참여하는 FTA의 이익

1. 무역 성장을 확대하고 소비자들에게 선택의 폭을 넓혀준다

대부분의 상품은 관세가 철폐되므로 더욱 자유롭고 편리하게 다른 나라 시장으로 진출하고 무역의 성장을 한층 확대할 수 있다. 예를 들면, 중국이 ASEAN과 자유무역협정을 체결한 1년 사이에 쌍방 무역은 전(前)

해보다 23.4% 성장했고, 중국과 칠레의 자유무역협정을 체결하여 시행한 결과 짧은 3개월 안에 쌍방의 무역액은 82%의 성장을 보임으로써 그 효과를 과시했다. 자유무역은 결과적으로 소비자들의 선택의 폭을 넓혀주고 소비자의 소비지출을 줄여 줄 수 있다. 예를 들면, 중국-ASEAN 자유무역의 '조기 자유화' 계획을 실시한 결과 ASEAN국가의 국민들은 값싸고 질 좋은 중국의 과일·야채를 살 수 있게 되었고, 중국 역시 과거에 보기 힘들고 값비싼 두리언, 산대나무, 보리수나무 열매, 람부탄 같은 열대과일 등을 어디서나 쉽게 살 수 있게 되었다.

2. 시장의 다원화를 이루어 전통시장에 대한 의존을 감소시키고 무역마찰을 완화시킨다

중국의 세계무역기구 가입은 중국 경제성장과 대외무역 확대에 좋은 기회를 가져다 준다. 현재 중국의 대외무역은 시장의 지리적 분포와 상품 구성의 분포가 특정 시장에 너무 집중되어 있다. 우선, 중국의 대외무역시장은 주로 유럽과 미국, 그리고 일본·홍콩·ASEAN을 비롯한 아시아 시장에 집중되어 있는 상황이고, 신흥 시장에 대한 참여비중과 그 성장 폭은 상대적으로 낮은 편이다. 2003년 중국의 일본·미국·유럽연합에 대한 수출은 총 수출의 62%를 차지했다. 만약 홍콩을 거쳐 나간 것까지 계산한다면 미국시장으로의 수출만 40%에 이르게 된다.

다른 하나는 중국의 일부 산업은 지나치게 수출에 의존하기 때문에 수출제품의 구조가 불균형한 것이다. 예를 들자면, 의류와 신발은 71%, DVD플레이어는 84%, 오토바이는 63%, 카메라는 56%, 냉장고는 47%, TV는 46%, 에어컨은 42%의 수출의존도를 보이고 있다. 이와 같은 중국 수출량의 대폭 확대로 인해 질 좋고 값싼 중국제품들이 외부시장에 주는 압력도 일부 시장에서 집중적으로 나타나게 되고, 이에 따른 무역마찰 역시 점차 증가하게 되었다. 통계에 따르면 근년에 일부 국가들이 중국 제품에 대해 반덤핑조사를 한다든가 기술 보호 명목을 동원해 보호무역 조치를 취하는 등 강하게 대응하고 있다. 1995년부터 2004년 말까지 WTO 에서 모두 2,646건의 반덤핑조사가 있었는데 중국제품에 관한 것이 411 건이어서 1/7을 차지했다. 2005년에는 51건에 달했는데 역대 최대치로 기 타국보다 훨씬 높은 수치이다. 따라서 쌍무적 및 다자적 자유무역협정을 수립하는 등의 방법으로 대외무역시장을 다원화한다면 무역마찰을 완화 시킬 수 있을 것이다.

3. 중국산업의 국제경쟁을 제고한다

자유무역으로 상호 이익이 되는 무역을 하고, 상대에게 시장을 개방하 는 것은 자국 산업발전에 큰 도전을 초래한다. 경제성장전략을 전환하고 산업구조를 최적화하는 것은 산업의 국제경쟁력 향상의 기초가 된다. 또 자유무역협정의 수립은 회원국들이 협의 하에 국가 간 산업분업과 협력 에 박차를 가해 자원의 배분을 더욱 합리화하고, 협상국가 사이의 경제 보완을 통해 국제경쟁력을 향상시킬 수 있다. 중국은 현재 산업구조조정 의 업그레이드 단계에 처해 있다.

WTO에의 가입은 본국의 시장을 개방하게 하여 외자기업이 중국에서 충분히 경쟁하고 새로운 기술과 경영 노하우를 중국에 도입하게 하며, 이로써 중국 기업들도 산업구조를 최적화하게 하여 전반적으로 산업의 업그레이드를 촉진시키고 있다. 이와 동시에 중국의 대외개방은 오랫동 안 일방적인 '국내로의 유치'였다. '해외로의 진출'이란 슬로건은 있어도 국외에서 성공한 기업은 수적으로 제한적이었다. 그러므로 쌍무 또는 다자적 FTA를 체결하는 것은 중국 기업의 '해외진출'을 가속화할 수 있고, 나아가 국제 분업에 있어서 중국 경제의 위상을 향상시키는 데 도움이 된다.

V. "중국 FTA 전략"의 전망

1. 미국, 일본 및 중국의 FTA 전략의 기준

주지하다시피 세계무역자유화 전략을 실현하는 데서 미국은 '경쟁적 자유화' 전략을 내세우고 있다. 즉 쌍무 또는 다자적 무역협상에 있어서 협상국가들이 '최혜국 대우' 조건에서 제외될 가능성을 두려워하여 협상에 참여하게 한 것이다. 2002년 이전 미국이 참여한 지역자유무역협정은 단 3개에 지나지 않았지만 2007년에 이르러서는 현재 이미 시행되고 있거나 협상된 FTA는 15개가 넘었다. 미국정부가 FTA상대를 선택함에는 그들이 국회에 제출한 4가지 기준이 있다.

즉 1) 미국이 순이익을 얻을 수 있다. 2) 무역상대국의 경제구조의 개혁을 가져올 수 있다. 3) 미국무역정책의 확장에 중요한 의의가 있다. 4) 미국의 외교정책 실현에 중요한 의의가 있다. 이상의 몇 가지로부터 알 수 있듯이 미국의 FTA 대상은 선정에 있어서 까다롭고 복잡한 동기가 적용된다. 또 일본의 경우, 일본 정부는 2001년 이전에는 지역경제블록화는 경제대국으로서 일본의 이익에 부합하지 않는다고 여겼다. 그러나 세계적으로 FTA가 확산되고 있는 상황에서 2002년 싱가포르와 <일본-싱가포르 경제협력동반자협정> 체결을 계기로 지역경제 전략의 중대한 변화를 가져왔다. 당시 일본 고이즈미(小泉) 총리를 의장으로 한 '경제재정자문회의'가 2002년 5월에 내놓은 '일본경제활성화 6대 전략'에 처음으로 체현되었고, 이어 일본 외무성이 동년 10월에 발간한 ≪일본의 FTA 전략≫에서 일본의 FTA에 대한 기본입장, FTA협상과 체결에 있어서의 기본원칙, 주요 협상대상의 선택원칙, 구체적인 기준 및 FTA 전략의 중점사항 등이 공식적으로 발표되었다. 일본의 FTA 전략의 기준은 1) 경제적 기준, 2) 지연성(地緣性) 기준, 3) 정치와 외교의 기준, 4) 가능성 기준, 5) 시간적 기준이다.

중국 정부는 아직 미국이나 일본처럼 완성된 '중국 FTA 전략'을 내놓지 못했지만 학자들에 의해서 광범위하게 연구되고 있다. 일부 매체들의 보도에 따르면 중국 정부의 '중국 FTA 전략'도 한창 준비단계에 있어 발표 직전이라고 한다. 2007년 5월 중국 상무부의 소식통에 의하면 아직은 성문화되지 않았지만 중국이 자유무역협정 파트너 선택에 있어서 정치, 경제 등 요소들을 종합적으로 고려한 선택기준을 만들었다고 한다.[4]

그 주요내용을 살펴보면 1) 쌍방의 정치 외교관계가 양호해야 한다. 2) 쌍방의 산업과 수출입제품의 구조가 서로 보완적이어서 자유무역협정의 실현으로 중국의 국가계획과 민생에 관계되는 산업에 큰 타격을 주지 않아야 한다. 3) 상대방도 일정한 시장규모와 무역영향력을 갖춰야 한다. 4) 쌍방이 모두 자유무역협정을 체결하자는 의향이 있어야 한다.

---

4) 參見, ≪21世紀經濟報道≫, 2000-04-08.

2. 중국 FTA의 발전 추세

위에서 서술한 바와 같이 미국과 일본의 FTA 선택기준과 비교할 경우 중국의 선택표준은 자기 나름의 기준임을 알 수 있다. 중국은 면적이 크고 주변국도 많은 나라이기 때문에 FTA전략도 유럽연합과도 다르며 NAFTA의 단순한 복제도 아닌, 다양한 영역과 여러 가지 형식으로 중국의 국가이익에 맞는 전략이어야 한다. 다양한 영역이란 주로 중국이 서남쪽으로 ASEAN의 '10+1'을 적극적으로 추진하는 동시에 기타 지역, 즉 폐르시아만 국가, 중앙아시아 국가, 한국, 일본 및 인도네시아, 호주 등과의 FTA를 추진하고 있는 데서 나타난다. 다양한 형식이란 주로 중국 주변국의 경제발전 수준과 경제구조, 자원의 분포가 다르기 때문에 이런 국가들과 지역경제통합을 추진하는 과정에서 탄력적으로 여러 방식을 선택하는 데서 나타난다. 중국은 현재 이미 체결한 6개의 무역협정 외에도 걸프만 6개국(사우디아라비아, 아랍에미리트연방, 쿠웨이트, 예멘, 카타르, 바레인), 호주, 남아프리카공화국, 페루 등과 각각 협상을 진행하고 있는 중이다.[5]

그 밖에 상하이 협력기구와 AFTA 등과의 FTA문제도 점차 대두되고 있으며 또, 한국, 인도, 아이슬란드 등의 나라들과의 자유무역협정 가능성에 대한 연구를 적극적으로 진행 중이며, 동아시아 12개 나라와 자유무역지대에 관한 연구도 진행 중이다. 이렇게 여러 나라와 진행 중인 FTA 협상 열기와 비교할 때 동아시아 3대 경제국인 중국과 일본, 한국 3국은 FTA 진척의 속도가 느릴 뿐만 아니라 넘어야 할 장애들이 많다. 중국과 한국 간의 FTA연구보고서는 빠른 시일 내에 완성이 기대되는데 이 보고

---

5) 参见, http://www.p5w.net/news/gncj/200804/t1591110.htm "中国新西兰昨天签署自由贸易协定."

서를 기초로 해서 중국과 한국의 FTA가 어떻게 될지 밝혀질 것이다. 한국과 일본도 2004년에 중단되었던 FTA협상이 재개됨으로써 향후 그 결과가 기대된다. 하지만 중국과 일본의 FTA(EPA)는 18개 후보국을 분석한 후, 중국과 FTA를 체결해야 일본에 가장 큰 경제효과(0.5%)를 가져다 줄 수 있다는 일본 내각의 연구 분석 결과에도 불구하고 여러 가지 제약요소들로 인해 짧은 시간 내에 협상의 돌파구를 마련하기는 어렵다고 보인다. 하지만 중·일·한 삼국은 그 누구도 FTA 체결 가능성을 포기하지 않고 상대방의 연구를 주의 깊게 살펴보고 있을 뿐만 아니라 때때로 서로의 협력과 교류를 확대해 나가고 있는 상황이다.

결론적으로 말하자면 중국의 FTA 전략은 제17차 전국 당대표대회에서 "자유무역협정을 시행하여 쌍무적, 다자적 경제협력을 활성화한다"고 제출한 것에 기반하고 있다. 중국의 FTA 전략은 이미 중국과 다른 나라 사이의 쌍무적 다자적 경제무역협력의 기초가 되었고, FTA 준비는 빠른 속도로 진전되고 있다.

[참고문헌]

李众敏. "东亚地区自由贸易化的福利影响及前景展望." 《世界经济与政治》 2007年 第1期。

付丽. "日本双边自由贸易协定签署及其影响." 《国际经济合作》 2007年4月。

邵望予. "试论中国外贸增长方式的转变." 《国际经贸探索》 2007年4月。

袁蓉君. "中新自由贸易协定影响几何." 《金融时报》 2008年4月8日。

魏全平. "日本FTA和中日FTA进展." 复旦大学日本研究中心, 参见: http://www.jsc.fudan.edu. cn/meeting/060318

[日]白石隆. "日本在东亚地区战略中的作用." RIETI电子信息 No.51, 2007年8月。

周强、李伟. "制定中国区域经济合作总体战略的思考." 商务部贸研院网站。

珍妮: "2006年世界经济、贸易与投资形势回顾与展望." 《WTO经济导刊》 2007年 第1-2合刊。

沈骥如. "2007年区域经济合作的回顾与展望." 《当代世界》 2008年 第1期。

张燕生. "参与和促进区域经济一体化." 国家发改委宏观院对外经济所研究报告, 2004年2月。

赵晋平. "中国经济发展对外经济关系." 《中国论坛》 2008年3月29日演讲稿。

陆建人. "中国 – 东盟自由贸易区: 进展与问题." 《中国战略观察》 2005年 第9期。

陈柳钦. "中日韩FTA建立的可能性与路径选择." 2008年1月4日, http://www.xslx.com

陈文敬. "关于全面实施自由贸易区战略的思考." 《中国改革论坛》 2008年4月28日。

[韩]李昌在. "韩中日FTA的展望与课题." 韩国对外经济政策研究院, 2005年10月14日(PPT), 参见 http://fta.fki.or.kr/Common

제7장

중국 에너지 안보의 당면 문제와 주요 대책

후슈리엔(胡秀莲)*

I. 에너지 안보 개념

에너지 안보는 어느 국가, 혹은 어느 지역의 경우에도 경제발전 및 안전보장에 관한 중요한 전략적 문제로 대두되고 있다. 에너지 안보는 국가 혹은 지역이 지속적이고 빠르게 안정된 양의 에너지를 얻을 수 있음과 동시에, 또한 상대적으로 얻을 수 있는 경제적 상태와 능력을 의미한다. 이것은 정상적인 생존과 발전을 위한 공급정도를 설명함과 동시에 국가 및 지역의 경제안보에도 중요한 의의를 갖추게 된다.

인류사회의 발전으로 말미암아 에너지 안보의 중요성은 더욱더 세계 공통의 의식으로 변해가고 있다. 하지만 자원 보유량, 정치, 경제, 군사, 환경, 국제관계, 지속적 발전 등과 같은 원인으로 각국의 에너지 안보에

---

* 중국발전개혁위원회 에너지연구소 연구원(国家发展和改革委员会能源研究所 研究員).

대한 이해는 각기 다르며, 시대의 발전에 따라 상이한 특징을 갖고 있다. 그러므로 상대적으로 드넓은 시야로 에너지 안보에 대한 문제를 고찰하여야 할 것이다.

1. 에너지 안보의 일반 개념

에너지 안보에 관한 연구는 1970년대 석유위기 이후 시작된 것이다. 이에 영향을 끼치는 원인이 부단히 증가함에 따라 에너지 안보 연구는 이미 경제학, 국제관계학 정치학, 그리고 환경학 등 다양한 분야의 과학자들이 모두 주목하는 문제가 되고 있다.

그러나 에너지 안보에 영향을 끼치는 원인과 에너지 안보에 관련된 범위가 날로 확대되고 에너지 안보도 단순한 이론적 연구에서 벗어나서 국가 이익을 보호하는 정책성 연구로 변모해가면서 순수한 이론과 연구는 더 이상 존재하지 않는다.

1) 외국의 경제학 문헌에서 외국학자들은 일반적으로 위험성과 외부성에 기초하여 에너지 안보의 개념을 정의한다. 위험성에 관해 고려하는 주요한 사항은 사람들의 위험성에 대한 태도, 위험이 발생되는 확률과 파괴력의 강약에 대한 인식, 에너지 가격에 대한 분석과 예방조치, 세계 에너지 수요 공급관계 및 그 영향에 대한 분석, 에너지 가격 변화에 대한 대응능력과 위험성에 대한 예방조치 등으로 열거할 수 있다.

2) 외부성에 관한 주요한 사항은 타국으로부터 에너지 수입으로 발생한 외부적인 문제와 에너지로 인한 환경문제이다. 이 문제는 시장조절을 통하여 해결할 수 없기에 정부의 조절과 대응 조치가 필요하

다. 이러한 개념 정의는 에너지 안보의 대응과정에서 정부 개입의 필요성과 정부의 작용에 대하여 근거를 제공하게 되었다.

중국 국내의 어떤 학자에 따르면 중국 에너지 안보 분야에서 통제할 수 없는 산출량의 문제로 경제적인 손실이 발생할 수 있다는 점이 가장 중요하게 지적된다. 통제할 수 없는 원인은 두 가지로 구분할 수 있다. 전쟁, 자연재해, 국제관계 악화 등 외부적인 원인들은 예측할 수 없고 불확실한 특징을 갖고 있다. 내부적인 원인으로는 자원 부존량, 생산기술, 운송의 문제 등으로 열거할 수 있다. 현재 중국 학자들은 질이 우수하고 수량이 안정되며, 가격이 합리적인 에너지를 산출해야 한다는 데 주로 논의의 초점을 두고 있다.

2. 에너지 안보의 새로운 특징

에너지 안보는 새로운 문제는 아니며, 지난 100여 년 동안 반복적으로 나타나면서 항상 최우선의 문제로 인식되고 있다. 제2차 세계대전 이후 지속되었던 '중동문제'는 세계석유 공급을 차단시켰거나 차단시킬 가능성을 늘 초래하여 왔다.

최근, 세계 에너지 상황의 급속한 변화로 세계 에너지 안보 문제는 점차적으로 국제사회의 광범위한 주목을 받았다. 물론 세계의 개별국가들은 서로 상이한 에너지 안보에 대한 이해와 전략적 목표를 가지고 있다. 세계화의 진전이 부단히 심화됨에 따라 에너지 분야에서 상호의존정도도 더욱 심화되어서, 전 세계 에너지 안보 문제는 미래의 국제에너지 발전추세에 영향을 끼칠 수 있는 주요한 원인이 되고 있다. 세계 에너지 안보와 협력 문제는 2008년의 G8그룹 정상회담의 주요한 의제가 되었다.

또한 지난 수년간 국제사회에서 에너지 공급의 불안정성도 사람들이 '에너지안보'에 대한 인식을 진일보 강화시키고 있다. 예를 들면, 허리케인 '카트리나'로 인한 멕시코만 에너지 기업의 생산 차질, 나이지리아에서 내란으로 인한 석유생산량 20%의 감소, 러시아의 우크라이나 천연가스 공급 단기적인 차단, 이라크 석유생산의 장기적인 정상회복 불능 상태, 지속적으로 상승하는 국제 원유가격 등을 열거할 수 있다.

최근에 대두된 에너지 안보의 주요 특징을 살펴보면 다음과 같다.

1) 에너지 안보 문제의 세계화

제1차 석유 위기 전에 에너지 안보 문제는 소수국가에게만 발생하였고 상당수는 전쟁 중에 발생하였다. 석유위기와 더불어 에너지 안보 문제의 범위는 점차 확대되었지만 주요 서방의 선진국들에게 한정되어 있었다. 근년에 에너지 소비와 공급자의 확대, 세계 에너지 공업의 국제화, 국제원유가격의 지속적인 증가 및 전 세계 환경문제의 악화 등의 문제로 에너지 안보 문제는 소비국과 수출국의 범위를 벗어나 전 세계적 범위에 파급되는 세계적 문제의 특징을 띠게 되었다. 따라서 에너지 안보의 보장도 개별 국가별 보장과, 집단협력을 통한 세계적인 에너지 안보에의 대화와 협력으로 전환하게 되었다.

2006년 7월 중순, 8개국 그룹의 에너지장관들은 모스크바에서 에너지 회의를 개최하였다. 전 세계가 에너지 안보와 관련하여 정치, 기술, 생태 등에 내재된 위험성 및 에너지 부족문제를 토론하였고, 동시에 시장투명도의 제고, 수송의 보장, 국가별 에너지협력 대화의 진전과 에너지 영역에서의 투자 등의 대책 강화, 세계적인 에너지 안보 전략의 제정을 통한 세계적인 에너지 안보시스템을 건립할 것을 강조하였다. 중국, 미국, 일본, 러시아, 인도, 석유수출국기구(OPEC) 등 에너지 공급국과 소비국가들은 양자 혹은 다자간 에너지 안보대화와 협력에서 각기 다른 발전 양상을 가지고 있다. 그러나 시간이 갈수록 전 세계 에너지 안보 대화와 협력의 범위는 확대되고 심화될 것이다.

2) 공동의 위험과 도전 증가

국제 에너지 발전 추세로 보면, 전 세계 에너지 총량은 풍부하여 중장기적으로 세계 에너지 수요량의 지속적인 증가를 만족시킬 수 있다. 그러나 자원분포의 불합리성으로 인해 지구촌 일각에서 공급의 부족상태를 완화하기는 아직도 어려운 상황이다. 소비구조에서 아시아-태평양지역은 이미 유럽과 미국을 초월하여 세계 최대의 석유 혹은 에너지 소비시장으로 부상하였다. 공급 측면에서는 최근 다원화 추세가 주요한 발전양상이지만, 장기적으로 보면 OPEC에 대한 의존도는 더욱 심해질 것이다. 향후 20년 동안 세계석유수출량에 대한 예측은 OPEC, 국제에너지기구(International Energy Agency), 미에너지국(EIA)에 따라 큰 차이가 있지만, OPEC의 위상에 대해서는 모두 동의하며 OPEC의 생산량은 50% 정도 증가할 것이라고 한다.

세계 에너지 공급 불균형의 가속화로 인하여 불안정한 정세의 중동지역에 대한 의존성이 심화되고, 이로 인해 중동지역의 정치외교적인 주도권이 강화될 것이다. 공급이 불균형한 상태에서 에너지 국제무역은 지속적으로 증가할 것이며, 이에 따른 운송료의 상승과 테러리스트에 의한 운송사고 등도 발생하면서 공급자와 소비자 쌍방의 이익에 모두 영향을 끼치게 될 것이다.

3) 에너지 의존성의 심화

미국 부시정부는 2006년 초 <국정자문>과 <국가안보전략 리포트>에서 미국 에너지정책의 제일 중요한 과제는 해외 에너지에 대한 의존을 축소하면서 중동지역에 대한 에너지 의존도를 75% 감소시킨다는 구체적인 목표를 설정하였다. 부시정부의 이 정책은 '에너지 자급'이라는 안보적 사고를 반영하고 있는 것이다. 그러나 사실, 세계화과정에서 에너지경제의 세계화 진전으로 인해 세계 각국의 경제와 에너지의 의존 정도는 더욱 심화되었고 에너지 자급의 가능성은 더욱 작아지고 있다.

국가들의 에너지 상호의존을 결정하는 요소는 전 세계의 에너지 생산인 바, 특히 석유시장 통합과 발전추세이다. 1980년대 중반 이후 세계석유시장은 점차 다원화의 발전추세를 나타내었는데, 시장구조가 독점체제에서 경쟁체제로 전환함과 동시에 선물시장의 급속한 발전을 가져왔다. 급격한 가격변동은 발생하지 않았지만, 시장과 원유가격에 영향을 줄수 있는 원인이 많아지게 되면서 생산국과 소비국 간의 상호영향도 심화되어 누구든지 일방으로 시장을 장기간 장악하기는 더욱 어려워지게 되었다.

결국, 최근 국제 에너지 안보 상황의 변화는 국제사회가 직면하는 공통적인 위험과 도전이 증가함을 의미한다. 세계화시대에 에너지 안보는 전 세계의 문제이면서 또한 국가들 간 서로 의존하고 협력하는 시스템이 필요한 문제이다. 어느 국가라도 지구의 에너지 안보 문제에서 이탈하여 자신의 안보를 보장할 수는 없는 것이다. 그러므로 국제사회는 에너지 안보의 개념을 새롭게 정립하고 적극적으로 전 세계의 에너지 공급 안전시스템을 수립하여야 한다.

3. 에너지 안보 요구의 상이성

개별 국가들은 에너지 안보에 대해 서로 다른 요구를 갖고 있다. 이것은 전 세계 에너지 안보 분야에서 커다란 모순이다. 에너지 생산국이 필요로 하는 것은 안정성이다. 고정적인 에너지 구매자와 안정된 수출량,

에너지산업에서 정부의 절대적인 주도권 그리고 국가의 절대적인 통제력이다. 러시아는 G8그룹 중 석유와 천연가스의 매장량에서 기타 7개 국가들 총합의 몇 배를 가지고 있다. 러시아의 천연가스 매장량은 세계 1위이며, 전 세계에 알려진 매장량의 26.3%를 차지하고 있고, 석유매장량은 중동지역의 사우디아라비아에 이어 세계 2위의 석유수출국일 정도로 풍부하다. 2006년 러시아의 하루 원유생산량은 970만 배럴을 초과했는데, 이중 약 700만 배럴을 수출하였다.

에너지수입과 소비국이 필요로 하는 것은 공급의 안전성이다. 예를 들면, G8국가 중 러시아와 캐나다를 제외한 6개 국가들은 모두 고도로 에너지 수입에 의존하고 있을 뿐만 아니라 의존도 역시 점차 심화되고 있다. 미국은 세계최대의 석유 수입국이며, 2006년 미국과 일본의 석유수입량은 전 세계 수입량의 35.8%를 차지하고, 유럽은 25.6%를 차지하고 있다. 한 예측에 따르면 2020년 미국의 석유 수입의존도는 현재 58%로부터 75%로 증가할 것이다. 유럽연합은 세계 최대의 에너지 수입자이며, 세계 2위의 소비자이다. 25%의 천연가스는 러시아에 의존하고 있는데, 유럽연합에서의 천연가스시장 점유율은 현재 25%에서 2030년 60%로 증가할 것이라 한다. 향후, 유럽 국가들이 가장 우려하는 것은 러시아에 대한 천연가스 의존도의 심화이다. 일본의 주요 관심은 일본과 같이 자원이 부족한 나라에서 어떻게 세계 2위의 경제국가를 지속적으로 유지하는가의 문제이다. 중국과 인도에게 경제발전을 촉진하고 사회 안정을 위하여 에너지 공급의 안전을 보장하는 것 역시 중요한 의의를 가지게 된다. 미국의 경우, 에너지 안보는 중동지역에서 오일 쇼크와 같은 사건의 재발 방지와 미국에서 반복적으로 되풀이하여 논의되는 '에너지 독립'의 문제와 연관된다. 이 목표는 1973년 닉슨 대통령 때 제기된 것인데 사실 미국의 석유수입량은 부단히 증가하는 추세이고, 석유수입량은 전체 석유소비량의 1/3에서 3/5으로 증가하였다.

4. 중국의 새로운 에너지 안보관

에너지 자원의 안전은 자원보유량, 정치, 운송, 경제, 군사, 환경, 국제관계, 지속적인 발전 등의 요인에 영향을 받고 있기 때문에, 국가들의 에너지 안보에 대한 이해는 다양하고, 시대의 변화에 따라 상이한 양상을 띠게 된다. 그러므로 통시적인 시각으로 문제에 접근하고 에너지 안보 문제에 대응하는 것이 필요하다.

어떤 국가이든 에너지 부족상태에서 국력의 신장을 기대할 수는 없는 것이다. 에너지 부족이 중국의 지속적인 발전의 가장 큰 장애물이 될 가능성이 있기에 에너지 안보의 전략적인 위치는 점점 중요해지며 전략적 정책을 형성하는 핵심적인 요인이 되고 있다. 세계화의 추세 속에서 중국은 보다 빈번히 국제 에너지시장에 참여하게 되고, 새로운 에너지전략의 형성이 필연적인 현실이 되고 있다.

1990년 이후, 중국의 석유소비량은 배로 증가하였고 세계 3위의 석유소비국이 되었다. 중국의 경우, 에너지 안보는 공급의 국내적 확보라는 경제적 측면뿐만이 아니라 국제에너지 공급과 에너지 지정학의 전략적 문제가 되고 있다. 중국의 자원보유량, 에너지 생산능력과 기술, 에너지 무역능력 및 석탄, 전력, 운송의 균형적인 능력의 관점에서 보면 중국이 필요한 것은 포괄적인 에너지 안보이다. 포괄적인 에너지 안보란 에너지 공급원의 확보, 에너지 사용 비율의 질적 개선, 중국과 세계 에너지 환경 보호, 에너지 이용 효율성, 에너지의 대외의존정도, 에너지 공급의 다양화 등이 포함되어 있다.

2006년 7월 17일, 중국 국가주석 후진타오는 러시아 상트페테르부르크(Saint Petersburg)에서 거행한 G8그룹과 중국, 인도, 브라질, 남아프리카공화국, 멕시코, 콩고(브라자빌) 등 6개 발전도상국과의 회의에서 새로운 에너지 안보관을 제창하였다. 즉, 세계의 에너지 안보를 위하여 서로 이익을 증대할 수 있는 협력관계를 맺고, 다원적인 발전으로 협력적인 새로운 에너지 안보관을 수립하여야 한다는 것이다. 이 새로운 에너지 안보관은 "어떤 국가도 에너지를 자원으로 자국의 발전을 도모할 수 있는 권리가 있고, 고립적으로 에너지 안보를 보장할 수 없다"는 가정에 기초하고 있다.

후진타오 주석은 새로운 에너지 안보관을 설명하면서 다음의 "세 가지 요건"을 강조하였다.

1) 에너지 개발에서 서로 이익이 되는 협력을 전개하고, 공급이 평형을 이룰 때 합리적이고 안정적으로 지속되는 국제 에너지 가격과 에너지 공급체제를 유지하여야 한다. 즉, 협력체제에서의 에너지 안보를 추구하는 것이다.

2) 에너지 자원의 선진적인 개발기술과 완비된 수출시스템을 건립하여야 한다. 기술적인 측면에서의 에너지 안보를 추구하는 것이다.

3) 에너지 안보를 위하여 안정적이고 우호적인 국제정치 환경을 유지해야 하며, 국제 에너지 수송 통로의 안전을 확보하며, 대화와 협상을 통하여 차이점과 갈등을 해결하고 에너지문제의 국제 분쟁화를 피해야 한다. 에너지 유통과정의 안전 확보를 통하여 에너지 안보를 추구하는 것이다.

주지하는 바와 같이 후진타오 주석이 제기한 새로운 에너지 안보관은 중국의 구체적인 경험의 산물이며, 동시에 세계 에너지 안보의 현실을 반영하는 것이다. 이것은 에너지소비국의 요구인 동시에 에너지 생산국의 요구이기도 하다. 따라서 국가들은 차이점을 버리고 공통의 이익을 추구하는 방향으로 새로운 에너지 안보관을 견지하여야 할 것이다.

II. 중국 에너지 안보가 직면한 문제와 도전

개혁개방 이후 중국의 에너지 안보 형식은 두 가지 변화를 겪었다. 1980년대~90년대 초기까지 중국의 에너지 생산량은 소비량을 초과하였고 수출량이 수입량보다 많았다. 이 기간 중국의 에너지 안보는 기본적으로 안전한 상황에 처해 있었다. 1993년부터 중국의 에너지 소비량은 생산량을 초과하였고, 2006년 석유 수입량은 1억 6천 4백만 톤에 이르렀고 순수한 석유수입국으로 되면서 대외 의존도는 47%로 증가하였다.

2020년은 중국이 일인당 GDP를 2배 증대하여 전면적으로 부강한 사회를 이루려고 하는 목표 시기이다. 이 시기는 중국이 공업화를 실현하는 관건이 되며, 경제구조, 도시화, 소비구조 등이 뚜렷한 변화를 가지게 되기도 하다. 이것은 중국경제의 신속한 발전에 따라 에너지 안보, 특히 석유공급의 안전이 국가 안보의 중요한 내용으로 변화하는 것을 의미한다.

때문에 중국 에너지 자원의 조건, 에너지 생산능력, 에너지 무역능력과 석탄, 전기, 운송의 측면에서 보면 중국이 최근 당면한 에너지 안보의 주요 문제는 다음과 같이 요약된다. 질 좋고 청결한 에너지 수요의 지속적인 증가와 공급능력 부족으로 인한 구조적인 모순, 석탄을 위주로 하는 에너지 생산과 소비구조에 기인하는 환경문제에의 압력, 에너지 생산과 기술의 낙후로 인한 에너지 이용효율 및 효과의 저하, 대외 에너지 의존도의 증가추세 및 에너지 다원화를 실현할 때 직면하는 국내외의 다양한 도전 등이다.

1. 에너지의 상대적 부족과 에너지 산업발전 제약

중국의 에너지 절대적인 보유량은 적지 않지만 인구비례에 따른 일인당 보유량은 아주 낮다. 자원 탐사능력이 상대적으로 떨어지고 생산/저장 비율이 낮으므로 에너지 생산능력의 제고에 많은 영향을 끼친다. 동시에 에너지 자원 분포의 불균형과 원거리 수송 능력의 부족은 에너지 원가의 상승을 초래하여 에너지산업의 건전한 발전에 커다란 지장을 준다.

2006년 말까지 이미 알려진 중국의 석탄매장량은 1,145억 톤으로 세계 총량의 12.6%를 차지하고, 생산/저장이 가능한 기간은 48년인데 세계평균은 147년이다. 석유매장량은 22억 톤으로 세계총량의 1.3%로 생산/저장이 가능한 기간은 12.1년이고 세계평균은 40.5년이다. 천연가스의 경우 밝혀진 매장량은 2조 4천 5백억 입방미터로서 세계총량의 1.3%이고, 생산/저장이 가능한 기간은 41.8년으로 세계평균은 63.3년이다.

중국은 땅이 넓어 태양열, 수력, 풍력, 조력(潮力), 지열(地熱) 등 갖가지 새로운 에너지와 재생에너지 자원이 풍부하다. 통계에 따르면 수력 이외에 풍력은 현재 중국에서 발전전망이 가장 좋은 재생에너지 자원으로 태양열과 생물에너지보다 잠재력이 훨씬 높다. 하지만 이용가능한 기술, 경제성 및 정책의 제약 등으로 개발이용 정도가 뒤떨어져 2006년 중국 에너지 총생산량의 0.5%밖에 차지하지 못했다.

중국 에너지 자원의 현저한 특징으로는 석탄이 주도적인 지위를 차지한다는 것이다. 석유와 천연가스 매장량이 상대적으로 부족하다는 것은 이미 잘 알려져 있다. 자원의 분포가 불균형하여 석유는 화북지구, 서북지구에 집중되어 있고, 수력자원은 주로 서남지구에 집중되어 있으며, 천연가스는 주로 동, 중, 서부지구와 바다에 매장되어 있다. 반면 소비지역은 동남연해의 경제발달지구에 집중되어 있다. 이러한 매장지역과 소비지역의 지리적 차이로 인해 대규모의 석탄 남하, 석유 남하, 천연가스 동진, 전력 동진이라는 장거리 에너지 운송의 흐름이 나타나고 있다.

중국의 에너지 개발은 많은 어려움에 처해 있다. 세계와 비교하여 중국의 석탄자원 채굴조건이 상대적으로 어려운데, 그것은 지하채굴을 위주로 하는 대신, 노천채굴은 적기 때문이다. 천연가스의 매장지점은 지리가 복잡하고 매장심도가 깊어 높은 수준의 채굴기술이 필요하다. 아직 개발되지 않은 수력자원은 서남부의 산악지대에 집중되어 소비시장과는 너무나 멀리 떨어져 있어 개발기술뿐만 아니라 높은 수준의 원가가 필요하다. 일반 에너지는 개발비용이 많이 들어 경제성이 낮고 경쟁력이 거의 없다.

중국의 일인당 자원보유량은 세계 평균보다는 낮고, 석탄과 수력자원의 일인당 보유량은 세계평균의 50%이다. 석유와 천연가스는 세계평균의 1/15이며, 경작지 면적은 세계평균의 30%에도 이르지 못하기에 생물에너지의 개발에 어려움을 주고 있다.

2. 경제의 지속적 발전과 에너지 수요의 증가

중국은 현재 공업화 및 도시화의 속도가 부단히 빨라지고 있는 시기이다. 경제규모의 발전에 따라 에너지 소비는 빠른 속도로 증가하고 있으며, 에너지 공급능력에 커다란 압력을 주고 있다. 수요와 공급 간의 불균형이 장기적으로 존재하고 있기에, 석유 및 천연가스의 결핍은 계속될 것이고 중국의 에너지, 특히 천연가스의 대외의존도는 계속 올라갈 것이다.

개혁개방 30년 동안 중국의 경제는 지속적으로 안정적이고 빠른 성장을 하여 왔다. 통계에 따르면 1978년부터 2007년까지 중국의 GDP 평균증가율은 10.5%에 이른다. 중국은 미국, 일본에 이어 세계 제3위의 경제대국이 되었다.

경제발전으로 중국의 일인당 GDP는 1978년의 379위안에서 2007년의 1만 8천 9백 위안에 도달하였다. 인플레이션을 고려하지 않으면 2007년 중국의 GDP는 1978년의 10.9배이고, 1978~2007년까지의 연평균 증가율은 8.6%에 달한다. 중국의 도시주민 가정의 개인당 평균수입도 1978년의 343

위안에서 2007년의 13,786위안으로 약 40배 증가하였다. 농촌주민의 개인당 평균수입은 1978년의 134위안에서 2007년의 4,140위안으로 약 31배 증가하였다.

일인당 소득의 증가는 주민들의 소비구조에 커다란 변화를 초래하였다. 주택, 승용차, 가전제품 등의 소비량이 증가하였고 이러한 추세는 계속될 것이다. 건설부의 예측에 따르면 2000~2020년의 기간은 중국건설업계의 황금기라 할 수 있는데, 전국주택의 건축면적은 420억 평방미터로부터 700억 평방미터가 될 것이라고 한다. 교통부의 예측에 따르면 전국 자가용승용차의 보유량은 2004년의 2,820만 대로부터 2020년의 1억 4,000만 대로 될 것이다. 거주 면적과 승용차 보유량의 증가는 반드시 전기에너지, 열에너지, 천연가스 등 양질의 에너지에 대한 수요의 대폭적인 증가를 초래할 것이다. 이 밖에 농촌생활용 에너지의 구조도 큰 변화를 가져 올 것인데, 생물에너지의 소비는 감소되고 전력, 천연가스 등에 대한 수요는 많아질 것으로 보인다. 전문가의 예측에 따르면 생물에너지는 2005년 263Mtce에서 2020년 150Mtce으로 감소될 것인데, 만약 이를 석탄으로 대용하면 158Mt의 석탄이 필요할 것이다.

공업을 위주로 한 제2차산업은 중국 경제사회의 발전을 촉진할 수 있는 지속적인 추동력이다. 1990년대부터 오늘에 이르기까지 공업의 중국 국민경제에 대한 공헌(공업증가량/GDP증가량)과 자극량(GDP증가속도×공업공헌량)은 기본적으로 50%에서 유지될 것이다. 2007년에는 1990년에 비하여 중국의 철강 생산량은 약 7배 증가하였고, 시멘트, 전해 알루미늄, 에틸렌과 화학 비료의 생산량은 각각 6배, 14배, 7배, 3배 증가하였다. 승용차의 생산량은 17배 증가하였고, 냉장고, 텔레비전, 에어컨은 각각 9배, 8배, 334배 증가하였다. 현재 중국의 철강, 석탄, 시멘트, 화학비료, 무명(棉布), 텔레비전의 생산량은 세계 1위이고, 이미 세계 다른 나라 생산량의 총합에 도달했거나 초월하였다. 이러한 에너지 소비량이 많은 상품생산량의 지속적인 증가는 공업발전을 뒷받침한 동시에 중국 공업에너지 소비량의 급속한 증가를 불러 일으켰다. 2006년 중국 공업부문의 에너지 소비량은 이미 전국 에너지 소비량의 71%를 초과하였다.

공업화의 진전으로 중국의 도시화비율은 1978년의 17.9%로부터 44.9%로 증가하였다. 도시화정도의 급속한 변화와 동시에 도로, 교량 및 항만 등 사회간접자본의 건설과 상업단지와 주택단지의 건설도 대폭 증가하여 건설업계와 교통시설의 에너지소비가 에너지소비의 새로운 성장점이 될 것이다.

2006년 중국의 1차 에너지 생산총량은 22.1억 톤(석탄기준)인데 소비총량은 24.6억 톤이고 전 세계의 14.3% 및 15.6%를 차지한다. 2005년부터 중국은 이미 세계 제1위의 에너지 생산대국과 제2위의 에너지 소비대국이 되었다. 2000년부터 지속적인 경제발전에 따라 중국의 에너지 소비량은 급속히 증가하고 있는데, 2000~2006년 1차 에너지 소비량의 연간증가율은 10.03%를 상회하였고 이에 상응하는 GDP의 연간증가율은 11.3%였다. 같은 시기 세계의 1차 에너지 소비량의 연간증가율은 2.63%밖에 되지 않았으며 아시아-태평양지역 국가의 1차 에너지 소비량의 연간증가율은 5.73%였다. 한마디로 같은 시기 주요 국가들과의 경제성장비율과 에너지 소비증가율의 평균치를 중국과 비교해보면 중국의 속도가 제일 빠른 것이다.

중국에너지연구소 및 관련 연구기관이 중국의 에너지 수요와 정책을 시뮬레이션을 통해 2020년까지의 에너지 수요량을 실험한 결과, 38~46억 톤의 석탄수요가 예측되었다. ≪세계 에너지 전망 2007≫은 현재의 추세를 기반으로 예측한 결과 1차 에너지의 수요량은 2030년까지 53% 증가될 것이고, 그중의 70% 이상은 중국과 인도를 중심으로 하는 발전도상국에서 비롯된 것이라고 했다.

중국 내 에너지 관련부처의 계획과 전문가의 예측에 따르면 2020년까지 중국의 석탄생산량은 최대 25~28억 톤에 이르고, 같은 시기 석탄수요량은 30~35억 톤으로 중국의 석탄수입량이 점차 많아질 것이라 한다. 중국의 석유생산량은 2.1억 톤으로 예측되며, 같은 시기 5~6억 톤의 수요량을 만족하기 어렵기 때문에 석유수입량도 필연적으로 증가할 것이다. 천연가스의 생산량은 1,330~1,500억 평방미터로서 같은 시기 2,000~2,500억 평방미터의 수요량을 만족할 수 없을 것이다. 전기생산량은 계획에 따라 1,400GW에 이를 것으로 보이는데 그중 수력발전은 350GW, 원자력발전은 40GW, 풍력발전은 20GW, 바이오매스(biomass) 발전은 15GW를 차지하고 있다. 열발전은 975GW으로서 아직도 주도적 위치를 차지하고 있고, 석탄소비량이 374gce/kWh으로부터 320gce/kWh까지 감소할 수 있다고 하더라도 21억 톤의 석탄이 필요할 것이다. 따라서 향후 2020년까지 중국은 에너지 공급에서 심각한 도전에 직면할 것이다. 이 과정에서 에너지수급의 다원화를 실현해야 하지만, 에너지 공급의 원가가 높아져 안정적인 에너지 공급에 일정한 위험이 동반될 것이다.

3. 석탄중심 에너지 구조와 환경보호의 압력

중국의 1차 에너지 소비구조의 주요 특징은 석탄이 에너지 전체소비량의 70%를 차지하고 있다는 사실이다. 1995~2000년, 중국의 에너지 공급부족은 상대적으로 완화되었고, 석탄이 차지하는 비중은 1995년의 74.6%로부터 2000년의 67.8%로 약 7%가 감소하였다. 상대적으로 석유와 천연가스의 비중이 19.3에서 25.6%로 약 6.3%가 증가하였다. 그러나 2001년 이후 경제발전과 국제원유가격의 지속적인 증가 등의 원인으로 국내 에너지 수요가 지속적으로 증가하여 석탄의 비중이 소폭 상승하여 2006년에는 69.4%가 되었다. 2020년까지 중국의 에너지 소비구조 중에서 석탄의 비중은 55~60%를 차지할 것으로 예측된다.

풍부한 석탄은 중국의 기초 에너지이지만 천연가스와 석유가 부족한 에너지 구조는 단기간 내에 변하지는 못할 것이다. 중국은 청결한 조건 하에서의 석탄이용률이 낮고 석탄으로 인한 오염도 많다. 이러한 상황은 지속될 것이고 생태환경보호와 전 세계의 기후변화에도 큰 압력을 줄 것이다.

석탄을 위주로 하는 에너지 구성은 에너지발전과 환경보호 간의 모순이 날로 첨예하게 되어 중국의 에너지발전과 환경보호를 제약하는 중요한 요인이 되고 있다. 과다한 투자와 국내수요로 인해 에너지와 원자재의 소비가 급속히 많아지고, 이산화황 등 오염물의 배출도 환경과 생태계에 큰 영향을 주고 있다. 2006년 중국의 이산화황 배출량은 25.89Mt으로 세계 1위이며, 그중 80% 이상은 석탄에 의한 배출인 것으로 알려졌다. 광물의 연소과정에서 이산화탄소 배출량은 미국 다음으로 세계 2위에 해당하며, 산화질소의 배출량은 이미 2,000만 톤을 초과하였고 산성비의 면적은 벌써 국토면적의 1/3을 초과하였다고 한다.

예측컨대, 2010년과 2020년 중국의 석탄 소모량의 지속적인 증가로 석탄에 의해 파생되는 이산화황의 배출량은 각각 3,300만 톤과 4,800만 톤으로 증가될 것이다. 에너지소비로 산화질소의 총 배출량은 각각 2,200만 톤과 2,640만 톤으로 증가될 것인데, 이산화황과 산화질소의 총배출량을 억제하려는 요구가 매우 클 것이다.

석탄의 채굴은 지면, 지하수, 지형, 식물성장에 부정적인 영향을 초래할 수 있다. 이미 파괴로 인한 지면침강의 면적은 40헥타르(hectare)에 달하고 연간 200~300만 헥타르의 속도로 증가되고 있다. 석탄생산으로 연평균 맥석 배출량은 1.5억 톤에 달하고 누계 총량은 이미 30억 톤을 초과하였다.

연간 지하수 배출량은 22억 평방미터로서 이용비율은 30% 정도이다.

석탄 탄전과 폐기물처리의 자연 연소, 탄광 가스배출과 생산운수과정에서 생성된 먼지는 모두 생태환경에 심각한 영향을 끼치고 있다.

<세계 에너지 전망 2007>에 따르면 2030년 전 세계 이산화탄소의 배출량은 현재 배출량에서 50% 증가한 400억 톤에 달할 것이고, 중국은 2010년에 미국을 대체하여 세계 최대의 이산화탄소 배출국이 될 것이다.

4. 에너지기술의 상대적 낙후와 이용효율의 저하

중국은 에너지기술에서 이미 큰 진보를 이루어왔지만 필요한 기술 발전의 수준과는 아직도 상당한 격차가 있다. 재생에너지, 클린에너지, 대체에너지 등의 기술개발은 아직도 뒷걸음을 치고 있고, 에너지 전환, 오염방지 등 기술의 응용정도도 아직 낮은 수준이다. 에너지 기술설비와 설계 등의 수준도 아직 낮다. 에너지기술의 상대적인 낙후와 이용률의 저하는 대량의 에너지 낭비문제와 함께 에너지 공급에도 커다란 장애 요인이다.

현재 중국의 에너지 채굴, 공급, 전환, 운송기술, 공업 생산기술, 기타 에너지 사용기술의 에너지이용률, 에너지 소비형 생산품의 단위소모량은 선진국의 수준과 일정한 차이가 존재하고 있다. 중국 석탄자원의 탄광 채굴정도는 46%인데 미국은 70%에 달하고, 중국의 원유채굴량은 32% 정도이지만 선진국은 45% 수준이다. 중국의 화력발전 구성에서 10만KW 이하의 발전기가 아직도 24%나 되기 때문에 석탄의 평균소모량은 선진국의 수준보다는 15% 정도 높다.

2006년 중국의 강철, 전력, 합성암모니아, 석유제련, 에틸렌, 시멘트 등 6개 산업에서 생산품의 단위 에너지소모 평균비율은 선진국들의 국제표준(세계적으로 앞선 국가들의 평균치)보다 21%가 높다. 예를 들면, 중국은 국제표준보다 화력발전의 석탄소모량은 15%, 중대형 철강기업의 강철 1

톤당 에너지소모량은 9%, 시멘트종합 에너지소모량은 35%, 천연가스를 에너지로 하는 합성암모니아 에너지소모량은 18%, 석유제련 에너지소모량은 24%, 에틸렌 에너지소모량은 23%가 높다.

5. 해외 에너지 의존도의 지속적인 증가

중국은 1993년부터 에너지 생산과 소비의 격차가 점점 커지는데 석유 수입량이 점차 많아져서 석유 순수입국이 되었다. 석유 수입량은 1995년의 3,673.2만 톤에서 2006년 1.64억 톤까지 증가하였고, 대외의존도도 1995년의 6.6%에서 2006년 47%로 심화되었다. 2001년 이후, 중국의 석탄수입도 대폭 증가되었는데, 2006년에는 38.25Mt으로 2000년보다 20배나 증가하였다.

현재 중국은 이미 세계 3위의 석유수입국이 되었다. 정부의 경제계획이나 전문가의 예측에 따르면 2020년 중국의 석유생산량은 2.1억 톤이나 같은 시기의 수요량은 5~6억 톤이므로 석유의 대외의존도는 현재의 47%에서 60%로 상승하여 미국과 비슷해질 전망이다.

미국의 *< Journal of Oil and Gas >* 는 2015년 중국은 미국을 대신하여 세계 가장 큰 석유소비국으로 되고, 2010년 천연가스의 수요량은 1,068억 평방미터, 2020년에는 2,100억 평방미터가 되어 대외의존도는 각각 25%, 45%로 될 것이라고 예측했다.

6. 에너지의 전략적 비축기 진입

현재 전 세계의 석유수입국에서 중국은 유일하게 전략적 비축유가 없는 국가이다. 중국의 석유비축은 아직 초기 단계이기에, 시설이 빈약하고 규모가 작으며, 분포도 집중되지 못하고 구조도 불합리하다. 원거리 파이프저장량은 2~5일이고, 철도저장량은 7~15일이며, 수상운수저장량은 15~25일이다. 석유시스템 내부 원유종합저장은 21.6일간인데, 이것은 모두 생산적 저장에 속하고 정규적인 전략적 비축유는 아니다.

중국은 금융위기를 피하기 위하여 외환보유고를 증가시켜 왔다. 2006년부터 중국은 외환보유고를 가장 많이 비축한 국가가 되었지만, 에너지 비축은 이제 초기 단계이다. 아직도 국가의 석유비축시스템과 위기관리체제가 확립되지 못했기 때문에 향후 대량의 석유수입과 관련된 돌발사건이 발생한다면 효과적으로 대응하기에 어려운 상황이다.

7. 국제 에너지시장의 대중국 에너지 공급 영향력 증대

중국의 석유자원은 상대적으로 적기에 국내생산을 유지하면서 국제 에너지협력을 확대하여야 한다. 그러나 현재 전 세계 석유의 공급균형은 취약하여 석유시장은 비경제적인 요인에도 영향을 받기 쉬운 상황이다. 국제 석유시장은 경쟁이 치열하고, 국내에서 석유와 천연가스가 부족한 상황에서 중국의 석유기업은 국제경쟁력과 석유무역능력 및 적은 비용의 석유-천연가스 자원능력의 개발이 필요해지고 있다. 전 세계 석유매장량의 61.5%는 중동지역에 집중되어 있고, 미국은 정치와 군사적인 측면에서 러시아 외의 세계 주요한 석유-천연가스 생산지와 주요한 해상 석유수송 통로를 통제하고 있다. 미국, 일본, 러시아, 중국 등 4개국의 외교관계도 다양한 요인의 영향을 받게 됨에 따라 국제 석유시장의 경쟁은 더욱 격화될 것이다.

III. 중국의 에너지 안보 주요 정책

에너지수입국의 에너지 안보 정책들은 크게 두 가지 상이한 모델로 분류할 수 있다. 첫째는 유럽연합의 에너지 안보방식이다. 유럽연합의 에너지 안보정책은 새로운 에너지 개발 등 국제적인 상호 협력으로 지역 내 에너지 공급의 균형을 이루려는 것이다. 장기적인 안정과 지속적인 발전을 통해 유럽연합 전체의 경제 안정, 국방 안보, 생활 안전을 이룩하려는 것이다. 둘째로는 미국으로 대표되는 강권주의 에너지 안보방식이다. 이 모델은 다자간 국제 협력 메커니즘을 배척하고 자신을 중심으로 하는 단극세계의 에너지 외교정책의 수립을 특징으로 한다. 이러한 국가에너지 안보전략은 에너지의 외교전략, 교통노선전략, 에너지 다원화전략, 에너지 비축전략, 에너지 절약전략으로 구성한 전략시스템이다.

에너지 안보는 국내 에너지수급의 경제적인 문제일 뿐만 아니라 국제 에너지 공급과 에너지 지정학과 관련되는 전략적 문제가 되고 있다. 그러므로 중국의 에너지 안보전략 대책이 고려해야 할 것은 유럽연합이나 미국보다 훨씬 많다. 중국 국가주석 후진타오가 G8그룹회의에서 제기한 새로운 에너지 안보관이란 상호 협력으로 공동이익을 추구하고 다원적인 발전을 이룩하는 것이다. 이에 상응하는 중국의 에너지 안보정책은 다음과 같다. 우선, 에너지 절약을 중시하고 효율 제고를 기초로 하면서 국내 에너지 자원에 입각하여 해외를 개척하는 것이다. 다원적으로 발전된 에너지 개발과 효율이 높은 에너지 절약의 개혁방향으로 에너지와 경제구조를 조절하는 것이 필요하다. 국제 에너지협력을 강화하고 국외의 석유와 천연가스자원의 개발이용을 추진하여 국제 무역망을 수립, 완비하고 다원적인 수입통로를 수립하는 것이 필요하다. 세계 에너지 자원을 최대한 이용하여 안정적이고 경제적이며 청결한 에너지 공급시스템을 건립하여 중국의 지속적인 발전을 확보하는 것이다.

1. 에너지 자원의 탐색과 개발, 대체 에너지의 개발,
국내 에너지 수요·공급과 에너지 구조의 변모

자원의 탐색과 개발시스템을 건립하고 다양한 에너지 자원의 다원주의 생산시스템과 수송의 균형공급시스템을 개선하여, 탐색(개발), 생산, 공급 등 세 부분으로 중국 에너지정책을 조성하는 것이 필요하다.

석탄과 석유-천연가스 등을 탐색하고 개발시스템을 건립하는 관건은 국내의 석탄, 석유, 천연가스 탐색의 역량을 강화하고 채굴량을 증가하며 국내자원의 주도적인 지위를 유지하는 것이다. 이를 통해 국가에너지의 장기적이고 안정적인 공급능력을 유지하는 것이다. 석탄, 석유, 천연가스, 수력, 핵에너지, 재생할 수 있는 에너지 등 선진적인 다원주의 생산시스템을 건립하는 관건은 경제성, 청정, 고효율, 지속적인 발전의 원칙 등을 관철하는 것이다. 석탄의 청정한 이용률을 부단히 제고하고, 핵에너지와 재생할 수 있는 에너지를 개발하며, 중국의 석유 및 천연가스의 생산량을 증가시키는 것이다. 석탄, 전력, 석유 등의 수송균형공급시스템을 건립하는 관건은 "석탄수송, 전력송전을 함께 하면서 전력송전을 우선으로" 하는 원칙을 견지하는 것이다. 중국의 고압전력운수망의 건설을 기반으로 합리적인 에너지 수송체계를 중점적으로 발전시켜 국내 각 지역 간의 에너지 공급균형을 이루는 것이다.

석탄이 많고 석유가 적은 것은 중국 에너지 구조의 기본특징인데, 석탄 액화, 기체화기술의 발전으로 석탄은 석유나 천연가스의 대체 에너지가 될 수 있다. 풍부한 임업 생물 에너지 원자재라 할 수 있는 카사바, 사탕수수 등 비식량 농산물 및 농림업 폐물로 에탄올 연료를 생산하는 것으로 대체 에너지를 생산할 수 있다. 석유매장량과 석유연료 공급부족의 문제를 해결하고 적극적으로 수력과 핵에너지를 개발하여 전력공급의 구조를 변화시킬 수 있다. 이미 발표한 <재생에너지법>과 관련된 고무정책에 따라 중국은 갖가지 재생할 수 있는 에너지 자원의 개발과 이용을 촉진하고 고무하는 것으로 에너지 공급구조를 최적화시키고자 한다.

2020년에 필요로 하게 되는 에너지 수요를 충족시키기 위하여 최근 몇 년간 중국 정부는 전력, 석탄, 석유 분야의 개혁을 진전시키고 경쟁제도를 도입함으로써 기업을 에너지산업의 발전과 투입의 주체로 양성시키고 있다. 기업은 자체의 자금을 사용하여 은행 대출, 주식발권, 채권 등의 투자방식으로 에너지분야에 관여하며, 중국 정부는 외국회사가 다양한 방식으로 중국의 에너지분야에 투자하도록 고무하고 있다. 2007년에 수정된 <외국투자산업지도 목차>에서 대규모의, 석유-천연가스전의 개발, 석탄채굴, 청정석탄과 신에너지분야에 대해 세금 혜택을 받게 하였다.

2. 에너지 효율 제고

중국은 세계의 2위의 에너지소비국으로 GDP당 에너지소모량은 선진국가의 몇 배에 이른다. 이것은 중국의 에너지 절약의 잠재력이 아주 크다는 것을 설명하고 있다. 기술의 부단한 진보로 경제적이고 효율적인 에너지 절약 잠재력의 획득이 가능해지고 있다.

최근의 IEA 분석결과에 따르면 건설업계, 공업, 교통 등의 분야에서 에너지 효율의 향상은 2050년 전 세계 에너지사용량을 17%~33% 감소시킬 수 있다고 한다. 중요한 성과 중의 하나는 개발도상국가의 에너지이용률의 제고와 에너지 절약 잠재력의 진일보라 할 수 있는데, 중국과 인도에서 그 예를 찾아볼 수 있다.

에너지 효율의 제고에 영향을 주는 요인은 다음과 같다. 국가의 법률(에너지절약법/에너지법), 국가전략, 체제, 정책, 관리, 시장환경, 경제구조, 에너지 구조 등이 있고, 능력, 기술, 정보, 기준, 투자, 무역원가, 가격까지 구체화될 수 있다. 단위 GDP 소모는 이러한 요인들이 구현하는 종합적인 영향의 에너지효율 풍향계이다. 중국은 2010년에는 2005년보다 단위 GDP당 에너지소모를 20% 감소하기 위해 노력하고 있다. 2007년 말 중국 정부는 또 <에너지절약 중장기 전체계획>을 공표하였다.

기술혁신과 기술진보는 에너지 안보를 확보하는 효과적인 대책의 하나이다. 에너지 공업은 기술집약형 산업으로서 에너지 개발 혹은 에너지 활용 등의 측면에서 기술혁신을 가져올 수 있는 분야이다. 에너지 공업의 발전잠재력은 아주 크고 이것은 이미 세계 각국의 경험으로 증명되었다. 그러므로 반드시 기술혁신으로 에너지 공급 잠재력을 제고하여 에너지의 대체방식을 찾고 에너지 효율을 제고해야 한다. 특히 미래의 에너지발전에 관련되는 중대한 기술의 연구와 개발이 필요하다. 예를 들면 수소이용 기술, 선진적인 핵에너지 이용기술, 신에너지 절약기술, 효율 높은 전기수 송기술, 석탄액화기술 및 고효율 에너지성장기술 등을 열거할 수 있다.

<중앙에서의 유관 국민경제와 사회발전에 관한 제11차 5개년계획의 건의>에 따르면 중국은 개발과 절약을 동일시하는 것을 견지하고 있다. 절약을 우선으로 하고 에너지 사용 총량의 감소, 재이용, 자원화의 원칙 에서 투입이 적고 소모가 적으면서 배출량이 적고 효율이 높은 절약형 성장을 이루어야 한다. 이러한 구조적인 변화, 기술의 혁신과 진보, 소모 가 많고 효율이 낮은 낙후한 생산방식의 개선 및 가격과 세무정책의 강 제 토대, 건전한 법률과 법규조치의 건립이 필요하다.

3. 국가 에너지 비축 시스템 구축

전략적인 석유비축은 국가 에너지 안보를 수호하는 중요한 수단이다. 국제 석유공급이 중단될 수 있는 위험에 처하고 있거나, 국제 석유가격이 갑자기 폭등했을때, 국가안전과 사회경제에 미치는 영향력을 최소화하기 위하여 전략적 석유비축은 중요한 해결책이 될 수 있다. 전략적 석유비축은 위험성을 피하고 안정적이고 균형적인 공급의 보장, 원유가격의 유지에 유리한 정책이다.

전략적 석유비축은 임의의 국가에 대해서 정치 및 군사적 위기에 대응하는 중요한 수단이면서 국가 에너지 안보를 수호하는 결정적인 무기이다. 국제에너지기구에 따르면 회원국이 적어도 90일 동안의 수입량에 해당한 석유보유량을 유지하여야 전략적 비축유를 갖추었다고 판단되며, 이 기구에 가입할 수 있는 기본조건을 갖추었다고 명시하고 있다.

현재 세계의 주요한 석유수입국가 중에서 중국은 유일하게 전략적 석유비축이 없는 국가이다. 그렇지만 중국이 제정한 관련 법률과 법규를 살펴보면 석유비축문제는 점차 중요시되고 있다. "제11차 5개년 계획" 중에서 중국은 처음으로 국가의 전략층위의 석유비축시스템을 점차적으로 건립할 것을 제출하여 국가석유공급의 안전을 유지하고자 하였다.

미국, 일본 등 선진국가의 경험에 따르면 석유비축시스템 건립의 완성은 실질적으로 활용할 수 있을 때까지 적어도 10년은 걸려야 한다. 그러므로 중국은 객관적인 조건과 국제적인 경험에 근거하여 통일적으로 계획을 수립하고 점차적으로 실행하며 전략석유비축체제를 수립하고 있다. 이러한 과정에서 국가와 민간비축체제가 공존하게 함으로써 국가 전략 석유비축 능력의 건설속도를 가속화하고 점차 완성된 국가 전략석유 비축시스템을 건립할 것이다.

에너지전략 보유시스템을 건립하지 않으면 안 된다. 에너지전략 보유시스템은 주요하게 석유저장시스템, 천연가스와 원유공급시스템과 에너지기술저장시스템이 포괄된 개념이다. 석유저장시스템은 "실제적인 저장과 산지저장의 결합", "국가를 주체로 정부와 민간이 상호적으로 결합"된 저장시스템이다. 국가가 직접투자 및 관리하는 국가 전략 보유를 건

립하고, 법률의 형식으로 보장을 받으며, 진흥정책과 기업주체의 석유저
장을 보조수단으로 한다. 천연가스와 원유공급시스템은 법률과 규칙의
약속으로 예방시스템을 건립하는 것이다. 에너지기술저장시스템은 국가
의 기술개발을 기반으로 계획적으로 석탄을 석유로 전환하거나, 바이오
석유, 안전한 핵에너지 이용, 수소, 태양력, 풍력 등 에너지의 개발기술의
연구로 지적소유권을 갖춘 핵심기술을 개발하는 것이다. 이것은 중국의
에너지 공급시스템이 지속적인 발전양상을 형성하는 기초가 된다.

4. 국제협력과 세계 에너지 자원 개발 참여

1) 세계 에너지 자원의 개발과 이용에 적극적으로 참여

중국 에너지 안보의 기본 방침으로는 "대체로 국내외 자원을 개발하고
국내외 시장을 충분히 이용하자"는 것이다. 즉, 국내 에너지 자원에 근간
을 두지만 경제세계화의 기회를 활용하여 적극적으로 국제 에너지 자원
의 개발과 이용에 참여하는 것이다. 해외 석유자원의 탐사와 개발을 강
화하고 해외시장의 전략적 석유탐색에 투자하여 안정한 석유수입체제를
수립하는 것이다. 산유지역과의 협력을 전개하고 안정적인 에너지 공급
기지를 건설하여 석유와 천연가스 공급 다원화를 통해 에너지 공급의 취
약성을 최대한으로 극복하는 것이다. 에너지 수입경로의 건설을 대변화
하여 석유가 해상수송과정에서 차단될 수 있는 가능성을 최소화시켜서
서태평양지역 전략적 해로에 대한 의존성을 완화하는 것이다. 상하이협
력조직(SCO: Shanghai Cooperation Organization)의 체제를 이용하여 중앙아시
아 국가 및 러시아와의 에너지협력을 개척하는 것이다.

예를 들면, 중국 최초로 해외에서 천연 가스를 수입하는 파이프라인
프로젝트, 즉 서부에서 동부로의 천연가스 파이프라인 프로젝트(제2선)는

2008년 2월에 신장, 깐수, 닝샤, 산시에서 동시에 건설을 시작하였다. 총 길이 9,102Km인 파이프라인 프로젝트는 총 투자액 1,422억 위안에 달한다. 이를 통해 중앙아시아와 신장 남부의 천연가스를 중국남방의 주강 삼각주, 장강 삼각주 및 중남지구에 수출하는 것이다. 이것은 중국의 에너지 안보의 보장, 에너지 소비구조의 최적화에 중대한 의의를 갖고 있다.

2) 석유 선물무역시장을 개설하고 국제가격 위험을 피함

중국은 에너지 소비대국의 이점을 충분히 발휘하여 적극적으로 세계 석유 가격확립에 참여하는 것이 필요하다. 가격확립의 참여권, 발언권 및 조정능력을 획득하고 국제가격의 피동적인 접수자에서 적극적인 영향자가 되어야 한다. 국제협력을 전개하고 석유 선물무역시장을 건립하는 것은 국내시장의 독점을 타파하고, 통일적이면서 개방적이고 질서정연한 에너지 시장을 건립하는 것과 중요한 관련성이 있다.

3) 석유회사의 국제경쟁 참여와 세계시장 진출

국가의 전략적인 차원에서 국내 석유회사의 대외확장을 지원하는 방안을 확립하고, 합작, 주식 매입, 합병 등 각종 다양한 석유권익의 획득수단을 추진하는 것이 필요하다. 이를 통하여 국내 석유회사의 생산, 공급, 무역 등의 분야에서 협력을 추진하고, 국내외 시장에서 공동의 이익과 위험성에 대처하게 함으로써 국제경쟁의 최적화된 기업을 양성하는 것이 필요하다. 이를 통해 각기 다른 종류의 기업 및 경제단체가 석유 시장에 참여하는 것을 고무할 수 있다.

4) 동아시아 에너지협력 강화와 지구적인 에너지 안보 제고

에너지 수요량의 급속한 발전은 이미 동아시아 국가들이 피할 수 없는 문제가 되고 있으며, 지역 내 비약적인 경제발전으로 동아시아는 벌써 세계 최대의 에너지 소비지역이 되고 있다. 석유수입의 다변화를 달성하고 자신들의 에너지 안보를 수호하기 위하여 동아시아 국가들은 에너지를 둘러싼 갈등과 분쟁이 점차 심화되고 있는데, 러시아의 석유 파이프라인 문제, 동해와 남해의 천연가스 개발 문제를 예로 들 수 있다. 동아시아 국가들은 공동의 이익을 추구하고 에너지 안전과 협력의 프레임워크가 필요하다.

에너지 협력은 기타 일반적인 투자와 다르다. 일반적으로 에너지분야의 투자규모는 크고, 전략적이며, 많은 시간이 필요함을 특징으로 하고 있다. 따라서 협력하는 당사자 간의 신뢰와 안전한 프레임워크 구축이 필요하다. 장기적인 협력이 필요하고, 협력의 영역도 넓어야 한다. 해상 석유자원에 대해서는 "우선 차이점을 버리고 평화적으로 공동 개발하고 활용한다"는 원칙이 필요하다. 지역 내 경제협력기구에서 에너지 분야의 협력을 강화하고, 정부와 기업의 이중 노력을 통하여 중요한 의의를 갖는 에너지 협력 분야를 개척하여 협력을 촉진하면서 지역 내의 에너지 안보와 경제 안보를 증진하여야 한다.

지역 내 협력은 석유 및 가스 자원의 탐사, 개발, 수송, 저장, 가공, 환경 보호 등 모든 에너지 분야와 지역을 포함해야 한다. 동아시아 국가들인 중국, 일본, 한국 등 에너지 선진국은 에너지의 사용, 에너지 절약 기술, 환경 보호 기술, 경영 시스템, 해당 법률과 규정 등의 분야에서 중국, 동남아시아 국가들과 서로 협력을 전개할 수 있다. 예를 들면, 에너지 절약 기술, 환경오염 방지기술의 이전, 투자증대, 연합비축제도의 건립, 공동 해상 석유 수송로 안전대처, 동아시아 공동석유시장의 건립 등을 열거 할 수 있다. 또 일본이 가지고 있는 고급 하이브리드 자동차 기술이나 산업, 가정용 전기 제품 분야에서의 선진적인 에너지 절약 기술, 신에너지 및 재생 에너지 분야의 선진적인 기술 등을 다른 국가들에게 이전하는 것도 거론될 수 있다.

[참고문헌]

高健. ≪高油价时代如何保证石油安全≫. ≪中国改革≫ 2005年 第12期.

徐云. ≪谁能驱动中国 — 世界能源危机和中国方略≫. 人民出版社.

中国温室气体排放清单课题组著. ≪中国温室气体清单研究≫. 中国环境科学出版社, 2007年 8月.

蔡国田、张雷. ≪中国能源保障基本形势分析≫. ≪地理科学进展≫ 2006年 第5期.

刘强, 姜克隽, 胡秀莲. "中国能源安全预警指标框架体系设计." 中国能源, 2007. Vol.29, No.4.

崔民选、孙艳玲. ≪中国能源安全与战略选择≫. 人民网, 2006年8月28日。

崔民选主编. ≪2008中国能源发展报告≫. 社会科学文献出版社, 2007。

吴磊. ≪中国石油安全≫. 中国社会科学出版社, 2003。

国家统计局编. ≪2007中国统计年鉴≫. 中国统计出版社, 2007。

国家统计局编. ≪中国能源统计年鉴, 2007≫. 中国统计出版社, 2008。

胡秀莲, 刘强, 姜克隽. "中国减缓部门碳排放的技术潜力分析." 中外能源, 2007年8月, 12卷4期.

胡秀莲. 中国电力生产与环境问题分析. ≪中国能源≫. 2005, No.12.

≪气候变化国家评估报告≫. 编写委员会编著, ≪气候变化国家评估报告≫. 中国科学出版社, 2007年2月.

韩文科, 胡秀莲、高世宪等著. ≪中国能源消费结构变化趋势及调整对策≫. 中国计划出版社, 2007年3月.

≪World Energy Outlook 2007, China and India Insights≫. OECD/IEA, 11, 2007.

색 인

편자 및 필자 소개

● 김진영

현재 | 부산대학교 정치외교학과 교수
　　　미국 Syracuse University 정치학 박사
연구분야 | 국제정치, 국제정치경제
주요 논문 및 저서 | ≪신자유주의와 아시아의 경제위기 그리고 한국≫(공저)
　　　　　　　　≪21세기 한일관계≫(공저)
　　　　　　　　"동아시아 모델 논쟁의 극복"(논문)
　　　　　　　　"동아시아 국제분업과 지역주의에의 함의"(논문) 등

● 차창훈

현재 | 부산대학교 정치외교학과 부교수
　　　영국 Warwick University 정치학 박사
연구분야 | 국제정치, 중국외교정책, 중국정치, 동아시아 안보
주요 논문 및 저서 | ≪동아시아 거버넌스≫(공편)
　　　　　　　　"중국외교정책의 이론적 평가"(논문) 등

● **리칭스(李庆四)**

　　현재 | 중국 인민대학 국제관계전공 부교수
　　　　　중국 하남대학 외국어전공 학사, 중국인민대학 국제정치학전공 석사,
　　　　　중국인민대학 법학박사
　　연구분야 | 중·미관계, 국제관계, 미국문제연구 등
　　주요 논문 및 저서 | "美国人的爱国主义," ≪环球≫, 2000年 第16期, 被评为 ≪环球≫
　　　　　　　　　　　二等好稿; "邓小平国际战略与新时期中国外交思维," 入选 ≪邓小平理论
　　　　　　　　　　　与21世纪中国≫ 研讨会; "美国国会与美国对华政策," ≪教学与研究≫
　　　　　　　　　　　"在美国打官司," ≪环球≫, 2000年 第5期, 被评为 ≪环球≫ 三等好
　　　　　　　　　　　稿; "东圣路易斯与卡本代尔 ─ 美国地方政府的运作及其启示," ≪安
　　　　　　　　　　　徽统一战线≫

● **스인홍(时殷弘)**

　　현재 | 중국 인민대학 국제관계학원 교수, 인민대학 미국연구센터 주임
　　　　　중국 남경대학 역사 학사, 중국 남경대학 미국외교사 석사,
　　　　　남경대학 국제관계사 박사
　　연구분야 | 국제관계이론사상, 미국과 중국의 대외정책 연구, 국제정치와 전략연구 등
　　주요 논문 및 저서 | ≪国际政治 ─ 理论探究·历史概观·战略思考≫
　　　　　　　　　　　≪从拿破仑到越南战争: 现代战略十一讲≫
　　　　　　　　　　　≪新趋势·新格局·新规范 ─ 20世纪国际关系≫
　　　　　　　　　　　≪敌对与冲突的由来 ─ 美国对新中国的政策和中美关系(1949-1950)≫
　　　　　　　　　　　≪美国在越南的干涉和战争(1954-1968)≫; ≪美苏从合作到冷战≫

● **먼홍화(门洪华)**

　　현재 | 중국중앙당교 국제전략연구소 교수

　　　　중국 산동대학 외국어전공, 문학학사, 북경대학 국제관계학원 석·박사

　　연구분야 | 국제관계이론, 대국외교전략

　　주요 논문 및 저서 | ≪国际机制论≫(合著); ≪权力与相互依赖≫(译著)

　　　　　　　　　　≪国际组织比较研究≫(译著); ≪国富国穷≫(译著); ≪从财富到权力≫

　　　　　　　　　　(译著); ≪探究世界秩序≫(译著); ≪中国西部四十年≫(译著) 등

● **피아오광지(朴光姬)**

　　현재 | 중국사회과학원 아태연구소 연구원

　　　　일본 筑波大学 석사, 중국사회과학원 대학원 재정과무역연구소 박사

　　연구분야 | 경제

　　주요 논문 및 저서 | ≪2002년세계경제(한국부분)≫

　　　　　　　　　　"중국의 FTA: 진행 과정 및 추세"(논문)

● **후슈리엔(胡秀莲)**

　　현재 | 중국에너지기초와 관리표준화기술위원회 위원

　　　　북경시 세계은행 프로젝트 전문가, 중국발전개혁위원회 에너지연구소 연구원

　　연구분야 | 에너지시스템 분석, 에너지 표준, 에너지 기술경제평가 등

　　　　　　60여 개의 주요과제 연구 참여, 연구논문 70여 개 발표

　　　　　　UN의 "지속 가능한 발전리포트" 프로젝트 참여

부산대학교 중국연구소 연구총서 5

현대 중국의 정치개혁과 경제발전
이해, 전망, 그리고 과제

인 쇄: 2009년 12월 21일
발 행: 2009년 12월 24일

공편자: 김진영·차창훈
발행인: 부성옥
발행처: 도서출판 오름
등록번호: 제2-1548호 (1993.5.11)

서울특별시 서초구 서초동 1420-6
전 화: (02) 585-9122, 9123 / 팩 스: (02) 584-7952
E-mail: oruem@oruem.co.kr
URL: http://www.oruem.co.kr

ISBN 978-89-7778-327-0   93340   정가 12,000원

* 잘못된 책은 교환해 드립니다.